本书为国家社会科学基金项目(14BJY173)研究成果

利率市场化进程中影子银行的风险防控与监管对策研究

丁　宁◎著

中国社会科学出版社

图书在版编目（CIP）数据

利率市场化进程中影子银行的风险防控与监管对策研究/
丁宁著. —北京：中国社会科学出版社，2018.6
ISBN 978 - 7 - 5203 - 0064 - 3

Ⅰ. ①利…　Ⅱ. ①丁…　Ⅲ. ①非银行金融机构—金融
监管—研究—中国　Ⅳ. ①F832.39

中国版本图书馆 CIP 数据核字（2017）第 060630 号

出　版　人	赵剑英
责任编辑	卢小生
责任校对	周晓东
责任印制	王　超

出　　　版	中国社会科学出版社
社　　　址	北京鼓楼西大街甲 158 号
邮　　　编	100720
网　　　址	http：//www. csspw. cn
发　行　部	010 - 84083685
门　市　部	010 - 84029450
经　　　销	新华书店及其他书店

印　　　刷	北京明恒达印务有限公司
装　　　订	廊坊市广阳区广增装订厂
版　　　次	2018 年 6 月第 1 版
印　　　次	2018 年 6 月第 1 次印刷

开　　　本	710 × 1000　1/16
印　　　张	14. 25
插　　　页	2
字　　　数	216 千字
定　　　价	60. 00 元

前　言

遥想 2014 年还在美国密苏里州圣路易斯与博士后导师冯鸿玑（Hunggay Fung）教授畅谈影子银行的影响与发展，为申报国家社会科学基金项目而辗转思虑。2017 年却已然在德国北威州科隆为影子银行专著成稿，为国家社会科学基金项目结项而繁忙劳作了。三年来，不仅仅记录了从圣路易斯大拱门到科隆莱茵河畔的时空转换！原以为当初以影子银行为主题的研究获得项目资助时的激动心情无法复制，怕轻易说出会破坏那种历经千帆的感觉，可是，三年来，甚至看到太阳下自己的影子，都会和论题联系一番，如此投入和长情，想来都觉得是根植于自己内心最固执的愿望所致。就如同我们国家十年的利率市场化改革及其副产品"影子银行"一样，形影相随。

这期间，随着人们对影子银行的深入了解，已经从研究之初的谈影子银行而色变，视影子银行为经济金融界的"恐怖分子"，渐变为影子银行是利率市场化的必然产物，影子银行也是可以被妥善"驯服"为我所用的，最后，对影子银行无须仰视或俯视，直接平视了。这种从情感到理智的转化也间接证明了业界对影子银行研究从量变到质变的过程。换句话说，考虑了大环境背景，做好了风险防控，制定了适合的监管政策，不管影子银行如何"Cosplay"，终究不过是对经济的演绎。

自被该研究俘虏以来，时常会被一些感触攫住，付诸笔端，形成文字。围绕该研究同美国密苏里大学金融学教授冯鸿玑先生、美国南伊利诺伊大学贾静怡教授合作在 SSCI 检索的英文学术杂志发表相关论文两篇，在中文 CSSCI 检索中文核心期刊发表相关论文两篇，指导了两位研究生的毕业论文都是以此为论题各有侧重展开研究的，并获得一个优秀、一个良好的成绩，以影子银行风险防控与监管对策研究为题的讲座六次，参加相关国际学术研讨会两次。执着于此，可见一斑。

付梓之际，感恩并感激！感谢国家社会科学基金委员会给了我三年与影子银行共处的美好时光；感谢中国社会科学出版社卢小生编辑的认真编审；感谢我的博士生导师天津财经大学于立教授、博士后导师美国密苏里大学冯鸿玑教授以及合作者美国南伊利诺伊大学贾静怡教授，其学术专研精神令我感动；感谢东北财经大学金融学院时任院长邢天才教授及谭永志主任的支持，感谢东北财经大学金融学院研究生宋雯婷、朱博睿和任亦侬的辛苦付出，感谢所有项目组成员一直以来的坚守与努力；特别感谢我的妈妈和妹妹，以及身边亲朋好友一如既往的信任和包容。

父爱如山，将此书献给我已过世的父亲。

丁　宁

2017 年 4 月 6 日于德国科隆莱茵河畔

摘　　要

　　2003—2014 年，中央经济工作会议连续十年强调稳步推进利率市场化改革，而影子银行则是利率市场化进程中的必然产物。处理好影子银行风险问题是保障利率市场化改革顺利进行的关键因素之一，可以保持金融体系的稳定和安全，最终达到国民经济稳步增长的目标。基于以上研究目的，全书分为以下六章：

　　第一章从利率市场化进程中影子银行的理论演进着手，对影子银行发展理论、风险理论以及监管理论的发展演进进行梳理。同时，从影子银行的界定、影子银行的运行与监管、影子银行的信用创造以及影子银行的风险研究四个方面，对国内外学者的研究成果进行回顾和总结，从而为本书的研究奠定理论基础。

　　第二章对利率市场化进程中影子银行的现实基础进行概述。首先，结合利率市场化进程，总结中国影子银行发展历程，并对中国影子银行与利率市场化的交互发展进行分析。其次，确定中国影子银行的构成，将其划分为内部影子银行业务和外部影子银行机构，并对各类产品、业务和机构的发展现状进行研究。再次，从金融市场上资金需求方、资金供给方以及金融中介结构三个层面挖掘中国影子银行的成因，并分析中国影子银行风险的分类及其成因。最后，根据前文对中国影子银行构成的研究，分别核算内部影子银行规模和外部影子银行规模，进而测算中国影子银行整体规模。

　　第三章对利率市场化进程中影子银行的功能效应进行分析。首先从基础功能、核心功能、扩展功能和衍生功能四个方面对中国影子银行的功能进行概述，得出中国影子银行主要发挥资金融通、资源配置、风险管理以及金融创新等作用。其次，对中国影子银行功能效应在宏观经济、商业银行以及中小企业融资等方面发挥的效果进行重点研究。

第四章通过实证分析，重点研究影子银行对商业银行绩效与风险贡献程度。在对商业银行绩效影响方面，利用资产收益率衡量商业银行的绩效水平，实证研究得出影子银行规模变化会提高商业银行的盈利能力，但这一影响存在一定的时滞。在对商业银行风险影响方面，通过构建稳健性指数，对商业银行风险水平进行衡量，实证研究得出当期影子银行规模的增长能够提升商业银行的稳健性，即当期影子银行增长在一定程度上会降低商业银行风险水平，影子银行风险具有一定的时滞。

第五章基于影子银行视角的商业银行风险预警进行实证研究。考虑到 2014 年影子银行加强监管以来，影子银行整体规模增速呈现放缓趋势，但影子银行体系内部出现规模轮动趋势，以委托贷款、未承兑银行票据等为代表的常规影子银行规模增幅大幅下降，随之而来的是，以买入返售金融资产和应收款项类投资为代表的商业银行影子银行业务规模的快速大幅上涨。实证结果显示，作为商业银行影子银行业务在资产负债表上的体现，买入返售金融资产和应收款项类投资的规模增大，能够提高商业银行风险发生的概率。本章建立的实证模型能够为商业银行提供一个将影子银行业务、银行间规模差异以及宏观经济环境等多重因素考虑在内的风险预警模型。

第六章对影子银行的监管对策及风险防控进行研究。首先，对中国影子银行现行监管模式进行梳理，从而分析中国影子银行监管现状，在此基础上研究中国影子银行现存监管问题。其次，从金融稳定委员会、美国、欧盟以及英国的主要监管措施中，对发达国家影子银行现行监管模式进行借鉴。进而提出中国影子银行监管和风险防控对策，以期提高中国影子银行监管水平，防范影子银行风险。

第七章对影子银行发展进程中具有代表性的五个案例进行分析。首先，对温州民间借贷、绿城地产影子银行融资和中诚信托集合信托计划三个遭遇危机的案例进行分析，详细讨论了案例的背景、发展过程和危机的成因，为影子银行日后的发展提供借鉴和参考。其次，分别对四川省小额贷款公司和 Y 市银行理财产品监管上的探索实践进行分析，对监管的具体途径和监管的成效进行阐述，以期通过案例分析，加深读者对中国影子银行监管和风险防控的理解，为未来的影子银行监管提供思路。

通过对影子银行的理论演进、现实基础、功能效应、对商业银行绩效和风险的贡献度、风险预警以及监管对策与风险防控进行研究，本书认为，尽管影子银行的迅速发展存在风险，但可以充分利用其消极影响的滞后性，建立风险监测和预警机制，完善影子银行监管的法律法规，有效地防控影子银行风险带来的负面影响，在维持金融系统稳定的基础上，促进国民经济的健康可持续发展。

目　录

引　言

　　2003—2014 年，中央经济工作会议连续十年强调稳步推进利率市场化改革，而影子银行则是利率市场化进程中的必然产物。处理好影子银行风险问题是保障利率市场化改革顺利进行的关键因素之一，可以保持金融体系的稳定和安全，最终达到国民经济稳步增长的目标。

　　随着我国经济的发展和金融自由化的不断推进，传统的投融资格局发生了深刻的变革，影子银行的发展拓宽了传统商业银行间接融资以外的渠道，对中国实体经济的发展起到了促进作用。然而，快速扩张的影子银行规模也使金融市场面临前所未有的风险，以影子银行中的信托业为例，自 2009 年年底中央银行实行紧缩的货币政策以来，大量房地产投资项目面临融资难问题。越来越多的房地产投资商转而通过信托公司发行理财产品来获取资金，过去的五年间，中国信托资产每年以数万亿元的规模增长，截至 2014 年年末，中国信托业资产规模已经达到 14 万亿元，接近 2009 年年末的 7 倍。由于之前疏于监督，信托业参与了许多通道和平台的影子银行业务，从青岛凯悦项目至烯森三和集合资金信托计划，再到三峡全通贷款集合资金信托计划，信托业泡沫导致的风险事件接踵而至。除此之外，2013 年中国金融市场经历了两次"钱荒"：第一次是 6 月银行间隔夜利率和 7 天回购利率分别达到 30% 和 28%，达到史无前例的高点；第二次是 12 月银行间市场再现资金紧张局面，各期限上海银行间同业拆放利率（Shibor）和质押式回购利率全线飙升，这一现象持续到 12 月底，中央银行通过启动逆回购向市场注入流动性，同业拆放利率才开始大幅回落。"钱荒"的爆发，一方面是中国利率市场化进程中必然经历的短期资金价格的剧烈所致，另一方面是商业银行借助影子银行的高杠杆率使资金运用达到极致，导致流动性不进入实体经济，而是大量出现在信托、券商的通道业务。由此看来，对影子银行的发展及其对金融稳定性的影响进行研究具有现实意义。

2014 年 1 月，《国务院办公厅关于加强影子银行监管有关问题的通知》（以下简称"107 号文"），成为中国首部规范影子银行的监管法规，为深入研究影子银行提供了重要的政策依据。在此基础上，本书深度挖掘影子银行的资金供求，并运用数据实证分析影子银行对银行绩效的影响，并推演其风险影响程度，为金融机构及监管部门提供有益的思路，对于规范和引导中国影子银行的发展意义重大。

第一章　利率市场化进程中影子银行的理论演进

第一节　相关理论演进

一　影子银行发展理论

（一）金融创新理论

影子银行体系促使金融体系不断创新，推动着金融体系结构的变革。同时，影子银行也是金融创新的产物，影子银行体系的产生和发展是在大量金融创新理论基础上完成的。

1. 金融中介创新理论

博迪（Bodie，2001）认为，金融创新能够破除传统银行的种种束缚和严格的监管限制，可以通过在证券市场上发行股票和债券的形式完成变相的贷款业务，以解决资产与负债不匹配问题。金融中介不需要局限于传统银行的存贷业务，非银行金融中介在证券、保险等市场上均实现了良好的发展，传统商业银行将逐渐让出在金融市场上的垄断地位。而通过金融创新，银行与非银行金融中介在业务方面的交流合作越来越紧密，彼此交互融合成为一种新的发展趋势，金融结构的变革推动着整个金融体系的变革。在这种理论指导下，商业银行在多元化经营方面有很多的突破和创新，同时与影子银行业务结合取得了丰硕的成果，影子银行体系并没有完全脱离传统商业银行而独立发展。表面上是经营形式的多元化，是金融中介市场发展的综合化，本质上是居民的投融资需求和金融机构竞争力增加的双重效应叠加的结果。理论立足点仍然是金融创新产品，促进影子银行的发展和扩张。

2. 约束诱导理论

西尔伯（Silber，1983）认为，微观金融组织在实际操作中受到种种约束，但是，这些约束不能堵住其寻求利润最大化的路径，于是一种"自我保护"行为——金融创新出现了，即约束诱导的结果是金融创新。金融约束包括内部限制和外部限制两个方面。内部制约指的是金融机构内部传统的管理指标，外部制约指的是政府和金融管理当局的种种管制和约束以及金融市场上的一些法律法规约束。当经济形势的变化使这些内外制约因素严重阻碍了金融机构实现其利润最大化的终极目标时，势必迫使它们探索新的金融工具、服务品种和管理方法，寻求最大限度的金融创新。约束诱导理论也有其局限性。首先，虽然从本质上指出了金融企业创新就是为了使利润最大化并且强调了逆境创新，但是，这样的成因解释同样适用于普通企业的创新，不能充分体现金融创新的特征和个性，因此，该理论关于金融创新成因的探讨太过于一般化。其次，过分强调逆境创新即强调金融企业主要是为了寻求利润最大化而摆脱限制和约束，在此过程中产生创新，这种过分强调逆境创新的理论使金融创新的内涵过窄。最后，过分强调金融企业在金融创新中的作用，而未涉及对与金融企业相关联的市场创新及宏观经济环境引发的金融创新。事实上，金融创新并非金融企业的孤立行为，它是金融领域内各种要素的重新组合，因此，该理论不能全面、完美地解释形式多样的金融创新活动。

3. 规避型金融创新理论

凯恩（Kane，1984）提出，规避型金融创新理论是约束诱导理论的延伸和发展。他认为，政府管制是对金融机构获利机会的一种阻碍，理论落脚点在于金融创新就是回避各种金融管控的行为。该理论认为，许多形式的政府管制与控制，实质上等于隐含的税收，阻碍了金融机构从事已有的营利性活动和获取利润的机会，因此，金融机构会通过创新来逃避政府的管制。而当金融创新可能危及金融稳定与货币政策时，金融当局又会加强管制，新管制又会导致新的创新，两者不断交替形成一个相互推动的过程。规避管制理论与约束诱导理论之间存在显著区别，约束诱导理论主张从内外制约两方面探讨金融管制对金融创新的影响，至于金融企业创新对金融管制的反作用未曾谈及。而规避管制理论强调金融创新主要源自外部环境约束的影响，并且强调外部约束与金融企业规避这种约束的相互作用即外部约束与企业规避间的作用力与反作用力。影子银行发展迅速，最主要的原因是，它在合法情况下，冲破政府管控，在规避管控过程中，影子银行会随时调整规避方式和方法，货币政策进入新一轮失效，政府管控又会迈进一步，然后又是新一轮的金融创新。管控和创新会不断交错产生，影子银行体系金融创新的适应性和效率在这一过程中将螺旋式上升。

4. 交易成本创新理论

希克斯和尼汉斯提出，降低交易成本是金融创新的主要动力。认为金融创新的支配因素是降低交易成本，即交易成本的变化，主要是交易成本降低是金融创新的主要动因。其理由是交易成本是作用于货币需求的重要因素，降低交易成本是金融创新的首要动机。交易成本的高低决定了金融业务和金融工具的创新是否具有实际价值，金融创新实质上是对科技进步导致交易成本降低的反应，因此，不断地降低交易成本就会刺激金融创新，改善金融服务。该理论把金融创新的动因归结为交易成本的降低，并侧重从微观经济结构的变化来研究金融创新，即从另一个角度说明了金融创新的根本原因在于微观金融机构的逐利动机——降低成本的最终目的是增加收益，有一定的合理性。但该理论把金融创新的源泉完全归因于金融微观经济结构变化引起的交易成本下降，有一定的局限性。因为科技进步并非是交易成本下降的唯一决定因素，竞争也会使交易成本下降，促使新创新工具产生。可以这样理解，不断地降低成本是金融机构追逐的目标，在激烈的竞争中优胜劣汰，刺激影子银行产生新的交换媒介、新的运行流程、新的金融工具，这就是交易成本的创新。当金融创新成果显现时，也就是降低成本的成功。影子银行体系的贷款规模不受持有资金的限制，而且融资成本相对低廉，如果遇到经济状况良好，影子银行业务兴盛，市场上的闲置资金都会参与影子银行业务运作，更加壮大金融创新的收益效果，结果就是拓宽融资渠道，整体规模加大。

（二）二元金融结构论

二元金融结构是指在金融抑制条件下发展中国家金融体系存在的二元状态，一种状态是由国有银行、商业银行以及外资银行组成的有组织、有规模的金融市场，另一种状态是由各个经济层面上存在的传统和小规模经营的非正式金融市场。由于二元金融结构的差异，两种金融市场的资金来源和利率水平不同，将会在影子银行内产生很大的储蓄缺口。发展中国家的国有银行垄断经营，导致利率扭曲和矛盾突出，使借贷行为具有金融抑制和二元性。由于政府制定的低利率，金融机构只能将资金贷给国有部门及少数大企业，而大量中小微企业及农户只能以较高利率从影子银行获得贷款。在二元金融结构下，影子银行的利率水平受到贷款的机会成本、贷款的管理费用、贷款的风险溢价以及垄断利润的影响。

（三）监管套利理论

从技术角度来看，金融产品背后的现金流能够被任意地分解和重组是金融创新发展如此快速的主要原因。然而，监管者却对如此大量金融创新产品的出现手足无措。因为监管体系内矛盾的暴露会让监管者和金融产品的交易者同时察觉，这样，"监管—规避监管—追加监管"就会无限循环下去，规避监管的结果就是金融创新，所以，金融监管越严格，金融创新的势头就越猛烈，而绕开金融监管的金融创新通常被称为监管套利。

首先，商业银行是追逐利润最大化的营利性机构，在经营过程中，考虑使经济资源获得更多的投资收益，从而在考察项目过程中将收益能力作为首要标准，而不会考虑在追求利润最大化过程中所引发的风险会给经济体带来怎样的冲击，更不会提前制定防范社会动荡及金融危机的预案。在这个过程中，商业银行要追求利润最大化，就会相伴风险最大化，同时，商业银行自身持有的经济资本低于监管当局所要求的监管资本水平。商业银行认为，监管资本是一种影响其获利的成本，因此，为了使自身利润最大化就要降低成本或者干脆避开这个成本，金融产品的创新便是解决之道。

其次，银行为了达到监管机构的资本充足率要求，通过套利行为，在账目上提高了自身资本充足率。在旧《巴塞尔协议》中，对不同种类的风险共用一个风险权重，缺乏风险细分，制度缺陷给银行提供了可乘之机，银行利用这个不足和漏洞组合了不同档次的风险，对风险资产按照同意权重进行打包组合，以证券化等形式将其移出资产负债表，名义上表内风险减少，表外风险增加，但实际上风险资产没有改变，改变的只是存在的位置，风险程度依旧甚至可能因为重新组合而变本加厉。

商业银行期限转换功能不可避免地带来了现金流的不确定性，同时其信用创造功能也提高了商业银行的杠杆率，虽然存在流动性风险、高杠杆风险，但商业银行仍然需要履行其基本职能。因此，对商业银行监管要比其他任何行业都要严格。任何监管制度都具有控制性，当这种控制性足以激励人们产生摆脱规则约束的动力时，即监管套利，银行有对高额利润的追求，就必然会伴有监管套利的动机，因为银行对管理层的考核是经营成果，经营成果靠收益来衡量，高风险、高收益，这是颠扑不破的真理。另外，还有信息不对称的存在，银行偏向的监管套利也能够有条件持续进行。

从金融博弈论的角度分析监管套利行为，将其分为违规获利和规则边缘获利两种行为。违规获利会受到严厉的查处，因此，这种套利行为已不具备普遍性。处于规章制度的边缘，称为边缘获利，其实，它是一种协调博弈，以诱导性原则和情景性原则作指导，通过恰当的联系和沟通达到纳什均衡。美国次贷危机就暴露了监管套利行为出现的协同谬误，金融创新与金融监管之间的不协调、不匹配，引发的风险也会积聚到最大甚至难以收场。施蒂格勒从"监管诱俘"理论解释监管套利，监管者有时可能会监管不当，于是被监管者产生厌恶情绪反而影响经济的发展，而且这种影响比无监管而带来的风险还要负面，所以，监管者就会修订监管制度，在不超标的情况下适应被监管者的动态，这就是"监管诱俘"。"监管诱俘"给主流银行的监管套利提供了便利。商业银行利用监管制度的盲区进行正常的业务活动，在复杂多样的正常经营和交易活动中，掩盖着这些并不触及监管"防御"的灰色领域的套利行为，要获取、吸收和消化这些真实信息，难度太大且监管成本过高。

（四）金融自由化理论

20 世纪 70 年代，全世界经济进入"滞胀"状态，使理论界开始反思凯恩斯主义的弊病。80 年代初，新自由主义重新成为政策的主导理念。与此同时，发展中国家追随世界经济自由化浪潮。1973 年，麦金农和肖（McKinnon and Shaw, 1973）研究发现，发展中国家经济发展缓慢，没有质的变化，发展道路障碍重重，通过对金融市场的研究找到了金融市场影响经济发展的因果关系，提出了金融抑制。金融抑制是指利率管制、金融机构管制、信贷配给、汇率管制等多种影响金融市场机制发挥主观能动性的压制，迫使其反过来作用在经济体上，影响经济发展和经济增长，阻碍经济结构优化，金融发展不健全都是由金融抑制造成的。麦金农和肖在详细分析发展中国家的金融发展状况后提出，发展中国家若想摆脱贫困陷阱，就必须改革金融体系，消除金融抑制。发展中国家应当取消对存贷款利率、汇率等金融产品价格的控制，允许其随市场资金的供求关系变化而自由浮动。政府应减少对金融业的干预，允许非国有化、非银行金融机构的存在和发展，加强金融体系的竞争程度，还应该进行其他方面的改革，以配合金融自由化进程。

金融自由化从三个方面推动了影子银行的发展：一是发达国家大多完成了利率市场化改革，利率自由化为金融机构获得高收益提供了动力；二是经营自由化打破了分业经营的严格界限，通过混业经营或综合经营实现业务领域的拓宽；三是金融自由化加速了资本跨国、跨行业、跨部门流动，资本的逐利性是影子银行迅速膨胀的动力。

目前，中国一定程度上存在上述金融抑制现象。商业银行的利率、利率浮动范围、存贷利率何时变动都受中央银行管制，这种定价机制使商业银行不能充分地反映自己的综合资金成本、企业风险等，也决定了借款企业只能被动地接受资金价格的事实。商业银行作为追逐利益最大化的企业，不愿意冒险给信用状况欠佳、还款能力存在很大风险的中小微企业贷款。银行通过提高门槛和审核标准来降低不良贷款率，目的也是防范风险。银行系统的严控造成金融抑制下的企业融资困境，企业要发展，需要资金帮忙，传统银行贷不到款，只好求助于非正式市场，这样，催生出的信贷市场形成了影子银行。

二　影子银行风险理论

源于金融危机的传染效应和溢出效应，金融危机既影响美国金融与实体经济，也给世界经济造成不可忽视的影响。各国从金融危机中认识到自身监管机制的不足、金融系统的非稳定性以及影子银行体系及其监管机制等缺陷，进而促进各国进行影子银行监管机制改革。然而，影子银行监管机制创新的主要依据来源于其风险及其可控性与可预防性。因此，认识到影子银行体系的非稳定性、风险传播路径及其传导制，有利于规范监管机制，有利于预防和规避其风险，有利于减轻银行体系的系统性风险，而厘清影子银行风险理论及其相应的影响机制，既是对现有文献的理论贡献，又是评估影子银行风险的理论依据。

鉴于此，本部分概述与影子银行体系密切相关的金融脆弱性理论、信息经济理论以及风险溢出与传染理论，并从宏观和微观视角，阐述影子银行的风险影响机制及其监管层面的风险规避机制。

（一）流动性风险理论

流动性风险是影子银行面临的最致命风险，也是各类风险最终的表现形式。本部分从流动性定义、含义和内涵三个方面概述流动性风险理论及其相关问题。

2008 年信托企业破产引致的金融危机表明，影子银行流动性风险具有隐蔽性、传染性、叠加性和亲周期等特征，且各自特性均有所增强。在极端压力事件下，流动性可以从过剩状态迅速逆转为全面紧缩，即使是资本充足、各项指标均达到监管标准的银行，也可能发生严重的流动性风险。

对于流动性的定义，洛尔和博罗多夫斯夫（Lore and Borodovsky, 2000）将流动性定义为：产生的现金流可以满足支付的要求，现金流既包括资产收益，也包括从市场借入的资金。葛奇（2001）认为，在一定时间内以合理的成本筹集较大数量的资金，则该银行获得流动性的能力较强，具有较好的流动性。胡庆康（2001）将流动性内涵界定为资产在无损失状态下的变现能力。戴国强（2004）认为，流动性是指银行为应对其本身支付及客户提存需要而能以无损失或较少损失的状态获得资金的能力。

对于商业银行的流动性而言，具体包括资产的流动性和负债的流动性两个方面。其中，资产的流动性指的是在较少损失状况下银行资产的迅速变现能力；负债的流动性指的是银行通过各种融资渠道能以低价格、低成本迅速获得融资的能力。流动性供需失衡所造成的流动性过剩与流动性不足，均是流动性风险的表现形式。

（二）金融脆弱性理论

金融脆弱性的概念早已提出，但由于缺乏系统性的研究，理论界尚未对其形成明确的定义。一般而言，对金融脆弱性的界定有狭义和广义之分，狭义的金融脆弱性强调脆弱性是由金融业高负债经营的特征所决定的，广义上的金融脆弱性泛指一切融资领域中的风险积聚，包括债务融资和股权融资。

马克思最早提出银行体系的脆弱性，指出了银行体系剥夺了资本的商业职能，从而导致了银行危机。费雪认为，银行体系的脆弱性与宏观经济密切相关，银行的融资、经营皆处于宏观经济环境中，经济基本面的变化影响银行业的稳定性和债务清偿能力。明斯基（Minsky, 1982）系统地解释了"金融脆弱性假说"，指出，银行业的高杠杆、高负债以及期限错配的特性决定了银行系统的脆弱性。明斯基（1991）进一步指出，银行体系的内在不稳定主要根源在于私人信用创造机制和借款人特性。同时认为，银行系统性风险存在内生性，在对银行系统脆弱性的阐释过程中考虑到了经济周期、有效理性理论。

从经济周期角度来看，银行体系经营状况受宏观经济的影响，并且随经济周期的波动而不断变化，经济周期的规律性变化导致银行经营收益或风险具有内生性，即银行系统性风险或危机因经济或银行系统的周期产生，而非外部冲击或政策调控等外部因素。因此，在经济衰退时期，投资者对于投融资采取谨慎态度。在经济繁荣时期，投资者可能会出现过度投资，投资者资金需求旺盛，导致利率市场上升，造成银行业财务状况恶化、短期流动性不足压力增加等问题，银行体系的脆弱性和银行危机由此发生。

从有限理性理论角度来看，金融市场是理性的，但金融市场的偶然非理性行为可能会引发金融危机。因此，银行系统性风险或危机的源头是金融市场或银行系统的非理性行为。在经济繁荣时期，通畅的融资渠道和良好的投资机会增强了人们的投资信心，而忽略了投资风险。与此同时，银行业的乐观预期，打破了谨慎投资策略，通过增加长期贷款而扩大信贷规模。戴蒙德和迪布维格（Diamond and Dybvig，1986）基于D—D模型，发现银行的期限转换功能、"挤兑式"平衡模式，使挤兑概率与银行危机呈正相关关系，即不可预期的低挤兑概率引致银行吸纳存款，不可预期的高挤兑概率往往导致挤兑风暴。由此可见，银行体系的稳定取决于挤兑概率和银行系统所构建的信心机制。从众心理、资金挤兑和银行业现金准备金不足直接导致银行业的脆弱性。

（三）信息经济理论

信息非对称性是信息经济理论的假设前提，在此前提下，由于人们对银行体系信心的缺失以及外部危机的冲击，理性的储户为争取其正当权益，将抢先提款。因恐慌蔓延与信息传播，高挤兑概率引发银行挤兑，储户不计成本，无限期挤兑与银行现金流以及其风险控制能力的有限性，最终将引致市场崩溃与银行体系的系统性风险。与存款人高挤兑概率引致银行体系崩溃相似，银行经营者、借款人、银行监管者之间的非对称性信息，将引致逆向选择与道德风险，从而导致银行系统的资金配置存在"非效率"。因此，信息经济学理论表明，银行危机的主要原因在于挤兑、逆向选择与道德风险。

首先，银行挤兑引发银行危机。由于信息非对称、银行系统风险的共享性以及存款者的高挤兑概率，即便银行具备足够的现金流和较强的清偿能力，风险共享机制下的存款契约仍然可能引发恐慌性挤兑行为。若银行基于流动性风险管理机制停止兑付，只会引致银行危机恐慌蔓延，加重银行流动性负债和流动性风险。受恐慌蔓延的影响，银行资金枯竭将引发另一波资金缺口和恶化枯竭。此时，即便存款者略高于正常概率非全额挤兑，银行危机也会蔓延，恶化恐慌和加重银行经营风险。

其次，道德风险是银行危机产生的主要根源。道德风险是指经济行为活动中，一方隐藏自己的行为，损害另一方利益的非正当、非道德行为。对银行体系而言，道德风险主要发生在借款人、存款人、银行股东等金融主体之间。

就借款人而言，源于银行审核机制的不健全、银行经理以及政府，借款人获得银行贷款后，隐瞒自身的经济收入或可支配情况，银行还款违约等。此外，借款人利用银行监管漏洞，改变资金用途，从事投机性高、风险大和收益不稳定的经营活动，影响其还款和损害银行资产的稳健性，加剧银行经营风险。

就银行股东而言，道德风险主要源自信息非对称环境下股东不按时履约，或改变银行来源资金的用途，引致银行信贷资金不足而带来的经营性风险。银行股东产生道德风险的主要原因在于银行资金利润的分配不均或银行资产的低收益与非稳定性。

就银行经理而言，通常情况下，银行经营者是股东的代理人，源于信息非对称和经营者的自利行为，往往引致委托人与代理人行为非一致，银行经理从事有损于委托人权益的事情，最终引致银行经营存在潜在风险。

就政府引致的道德风险而言，政府道德风险主要源于银行系统性风险发生的存款保险制度、最后贷款人制度等。在信息非对称环境下，银行挤兑性危机的蔓延将引致作为最后贷款人的政府无法偿付存款者的全部款项，从而产生违约行为。通常情况下，政府性道德风险鲜有发生，这主要源于政府以整个国家的信用作为还贷的根本和政府的强制性手段。此外，政府性道德风险还源自银行恶意经营行为与挤兑环境下的风险不可控性等因素。若政策允许，银行挤兑和银行安全网的保障机制将鼓励单个人承担风险，以减轻委托人所施加的纪律约束。政策性放宽是银行体系薄弱的根源。然而，由于银行在国民经济中的独特地位，使其风险转嫁给政府，在制度不允许的情况下，迫使政府对单个银行或银行系统违约。

最后，就逆向选择所引致的银行危机而言，与道德风险不同，逆向选择是事前行为，产生逆向选择的主要根源在于监管机制不完善和利益相关者相互庇佑等因素。具体而言，逆向选择是指市场主体在经济活动中事前隐瞒自己的不利信息而获利，并损害他人的行为。源于信息非对称和监管制度的缺陷，借款人为获得贷款，经常隐瞒自身信息，使银行难以获得借款人的资信状况，银行只能以均利率水平向借款人发放贷款，进而使低风险、高收益的借款人由于借款成本高于预期而退出信贷市场。此外，银行可能在高预期利润的驱使下，将有限资金贷向高风险、高收益的借款人，与借款人的逆向选择形成恶性循环，加剧信贷市场风险。对银行而言，逆向选择将引致资金错配及配置非效率，将使银行收益与其风险处于非对称状态，影响银行的经营风险和系统性风险。

综上所述，无论是银行挤兑，抑或是道德风险和逆向选择，在信息非对称性环境下，皆会引致银行资产配置的非效率和银行危机。显然，在信息非对称环境下，无法实现资金金融帕累托最优。

（四）风险传染理论

传染理论主要是指风险或危机由一个国家或地区通过市场扰动与传递而传染到另一个国家或地区。对银行系统而言，是指发源国或地区产生的银行系统性风险对其他国家或地区产生不良影响或者影响其他地区银行的正常经营。银行危机传染主要根源于风险溢出效应。因银行业间复杂的债权债务关系，使银行风险具有高传染性和风险溢出效应。

具体而言，源于银行风险的传染性，一旦某个银行机构的金融资金发生贬损和流动性头寸失常，在信息非对称环境下，通过信息渠道和信用渠道，局部银行危机将演变成全局性的系统性危机。银行危机传染的根本在于信息渠道不畅及其引致高危银行识别难等问题。

源于信息不对称及其机制下的风险传染性，若一家或大量银行的流动性清偿能力不足，将损害整个银行系统的资信，进而引发全面性银行挤兑、道德风险等非理性行为，经过一系列因素，引致整个银行体系崩溃。这主要是因为，单个或少数银行的挤兑行为将引致银行恐慌，在存款数量与货币总量骤减的前提下，增加了银行对货币资金的需求，甚至导致银行储备枯竭。在部分准备金制度下，储备削减势必对银行存款和货币供应产生收缩效应，若无中央银行的支持，银行可能被迫转卖非动流性资产以偿还其负债和满足债权人的提现要求，最终引致银行"减价销售资产而破产"，并波及整个银行体系。由此可见，银行体系的传染效应在于银行风险的溢出效应和银行间信用链相互依存关系。即若一家银行清偿能力不足，不仅影响它自身的存款人和借款人，还会涉及与其有业务关联的其他银行，进而引致经济运行中的债务链条断裂。最终通过乘数效应与扩大效应，酿造银行体系危机。银行风险的溢出效应与传染效应的主要根源在于银行间在业务上存在复杂的债权债务人关系和银行间相互信用与依存关系。

此外，银行流动性风险的成因理论还有金融资产风险传染理论、波动性理论、投机理论等。其中，金融资产价格的波动性理论认为，金融市场具有内在的脆弱性与不稳定性，如亚洲金融危机中主要受灾国和其他国家都普遍遭受了银行系统性危机。

三 影子银行监管理论

在金融领域，收益与风险相匹配是基本原则。金融创新在扩大收益的同时也放大了风险。因此，金融风险监管与金融创新相伴而生，是金融体系的必然组成部分，但是，金融风险监管的手段和强度是决定金融机构和创新有效性的前提，监管目的是防控风险，而不是阻碍创新发展，两者的辩证关系建立在理论基础上。

（一）管制的辩证法理论

20 世纪 30 年代的经济大危机，使立足于市场不完全、主张国家干预政策的凯恩斯主义学派成为经济学主流。该学派在金融领域的具体表现为直接将金融管制引入经济政策操作实践，以金融市场的不完全性作为金融监管的理论基础。为维护金融体系安全，弥补金融市场的不完全，在这一时期，传统上中央银行的货币管制逐渐发展为货币政策并服务于宏观经济调控目标，对金融机构行为的干预成为金融监管的主要内容。20 世纪 70 年代，发达国家经历了长达 10 年的"滞胀"，凯恩斯主义的宏观经济政策失效，随之而来的是以新古典宏观经济学和货币主义、供给学派为代表的自由主义理论开始复兴，金融自由化理论也随之发展并且对金融实践产生巨大的影响。并指出，金融抑制是导致发展中国家经济落后的主要根源，从而主张放松对金融机构的严格管制，尤其是注重放宽对金融机构在利率变动、业务范围等方面的严格限制，鼓励金融业自由竞争以提高金融效率。发达国家政府及监管部门的主要做法表现为鼓励利率自由化、金融业务自由化、金融市场及产品自由化和金融国际化。

在金融监管理论与实践交替严格、宽松的过程中，凯恩斯（1981，1984，1994）建立了规避型金融创新理论和动态博弈模型，认为金融创新主要是金融机构为了获取利润而回避政府管制所引起的，指出，金融机构与监管当局之间存在"管制—创新（规避管制）—放松管制或再管制—再创新"的动态博弈模式，形成一种辩证过程，共同推进金融发展。强调金融创新与金融监管存在密切联系，金融创新会对监管产生适应性，监管制度设计必须根据社会经济环境的不断变化而作相应调整，否则，金融监管可能压抑金融发展或者牺牲金融稳定。

影子银行的监管是一个复杂的过程，影子银行在美国次贷危机中的推动作用，反映出金融监管的失效，但是，如果采取高压监管措施束缚影子银行的发展，也会阻碍美国金融体系的尽快恢复。因此，只有与金融创新相匹配的金融监管，才能对影子银行实施有效监管。

（二）功能监管理论

传统和普遍流行的金融体系监管方法是机构监管法，这种方法将现存的金融机构和组织结构作为既定前提，认为金融体系的调整与改革只能在这种既定的前提下进行，并且把金融制度、金融市场、金融结构及运作看成是一个个独立的、特定类型的组织机构，如商业银行、投资银行、养老基金及保险公司等。对这些特定类型金融机构的监管，则根据其不同类型建立起相应的法律法规，设立不同的规章制度。然而，随着经济环境的变化以及金融创新的不断深入，金融机构的形式和业务内容是经常变化的。一方面，金融机构业务范围及其职能向多元化发展。以商业银行为例，当前商业银行已经不只是经营储蓄和发放贷款的机构，也提供了大量的中介服务。在发达国家，银行业中间业务收入已远远高于存贷利差收入。另一方面，由于地域、法规和政策的不同，金融机构的业务和职能范围也不尽相同，由于这种差异的存在，导致机构监管对于这些金融组织、机构的法规制度相对落后。与此同时，随着市场环境、监管要求及技术革新，新的机构也在不断涌现，如各类投资基金、私募基金等。

针对机构观点的缺陷，博迪和莫顿（Bodie and Merton，1993）提出了金融功能观点。他们认为，首先，金融功能比金融机构更稳定，相对于金融机构，金融功能在受时间推移和区域变化的影响时表现得更为稳定。其次，相比于组织机构，金融功能更为重要，组织机构不断创新和竞争，才能最终导致金融体系具有更强的功能和更高的效率。因此，从金融功能观出发来构建金融体系，必须要明确金融体系具备的经济功能，以此为依据，设置或建立机构与组织以便更好地发挥此类经济功能。

在金融功能观的基础上，莫顿（1995）进一步提出了功能监管理论，认为基于功能观的金融体系比基于机构观的金融体系更便于金融监管。其实质就是相同的功能应当受到相同的监管，而无须关注发挥该功能的机构。尽管金融功能的实现方式多样，可以跨时期、机构和市场，但金融功能是相对稳定的，因此，只要金融监管方式保持与金融基本功能的制度适应性，就能达到有效监管的目的。功能监管还可以减少监管冲突、重复和重叠，同一功能对应同一监管体系，即便金融机构之间存在业务交叉，也不会发生监管冲突或监管真空。基于功能监管的特点，理论界大部分人认为，功能监管比机构监管更适用于金融混业经营。

影子银行是典型的混业经营模式，虽然其创新产品和金融功能种类繁多，但从功能划分，主要是信用中介、融资、投资等功能，具有一定的稳定性。如果设立相应的监管机构和准则，明确创新产品的监管权利和责任归属，监管部门就不必为了维护金融业的安全而限制金融创新产品的发展，可以将有限的监管资源用在如何完善功能监管、促进金融创新以及在保证安全的条件下提高金融效率上面。

（三）信息不对称监管理论

阿克洛夫、斯彭斯和斯蒂格利茨（Akerlof, Spence and Stiglitz）提出了信息不对称理论，认为市场中卖方比买方更了解有关商品的各种信息，卖方与买方处于信息非对称状态，卖方具有信息优势，而买方则处于"劣势选择"地位。市场信号显示，在一定程度上可以弥补信息不对称的问题。该理论运用在现代金融市场的分析研究中，可表述为借款人和影子银行投资者等当事人不完全了解交易信息，由于信息不完全和不对称会给金融市场带来极大的风险，降低金融市场的效率，金融监管对这类危害形成了特定的解决办法。监管部门制定相应的信息披露制度，并有效执行，可以在一定程度上弥补信息不对称问题。

20世纪90年代以来，以1997年亚洲金融危机为最典型代表的一系列金融危机后，信息经济学分析框架下的金融监管理论不断取得新进展。在信息不完全对称情况下，理论上认为银行等金融机构能够有效地解决信用过程中的信息不对称问题，如果在金融市场上，信息是完全的，则资金盈余者可以判断潜在的借款人是否值得信任、他们将资金投入运作后是否能产生预期的效益、到期归还本息是否有保障。但是，在现实运行中，金融市场的表现则是一个信息不对称、不完全的市场，形成了存款人与银行、银行与贷款人之间的信息不对称，由此产生了金融市场中的逆向选择与道德风险问题，进而造成金融市场失灵，政府以及监管部门则有责任在监管方面采取各种措施来改善市场信息不对称问题。对于影子银行而言，针对信息不对称问题，监管部门需要制定强制性的信息披露制度，一方面借款人应提供完备的会计报表、经营状况等资料，严格按用款计划使用贷款，使影子银行能够有效地监督借款人的资金流向和风险程度；另一方面影子银行也应公开投资工具、杠杆率、信用评级等情况，提高透明度，降低投资者的损失风险。

严格的信息披露监管方式在执行中，对影子银行体系的监管仍存在一些问题，如影子银行的投资者由于专业知识有限，无法分析信息资料，因而作出正确判断；借款人和影子银行受到涉及商业机密的信息披露限制，即使风险敞口也不会向监管部门报告。

（四）监管机构设置理论

泰勒（Taylor，1995）指出，综合性监管机构具有规模效益，能有效节约监管成本，避免机构和功能的重复，更有利于培养和利用专业人才。随着金融业混业经营的发展，设立综合性金融监管机构的呼声高涨。在此基础上，提出了"双峰论"，指出金融机构应着重于两大目的：一是维护金融系统和金融机构的稳定；二是保护金融消费者权益。其中，负责金融系统稳定的监管为宏观审慎监管；负责金融机构稳定的监管为微观审慎监管；而保护金融消费者权益则为行为监管。稳定金融体系的监管机构应以支付系统为主要对象，并兼顾银行和其他金融市场；而负责保障消费者权益的监管机构应以金融市场和机构为对象。因此，按照该理论应成立独立的综合性监管机构，分离中央银行的超级监管职能。

比如，要保持影子银行金融创新的活力，又要促进其合理健康发展，就需要在政府监管和金融自由，即在稳定与效率之间寻求平衡点。我们需要研究的是设立何种监管模式，在推动金融创新的同时，又能有效地进行监管，维护金融体系的稳定发展。

（五）监管激励理论

拉丰和蒂罗尔（Laffont and Tirole，1993）对将激励问题引入到监管问题的分析中来，将监管问题当作一个最优机制设计问题，在监管者和被监管者的信息结构、约束条件和可行工具的前提下，运用相对比较成熟的完备合约方法，分析双方的行为和最优权衡，并对监管中的很多问题都尽可能地从本源上内生地加以分析。运用上述监管激励理论，德沃特里庞特和蒂罗尔（Dewatripont and Tirole，1993）基于金融监管的代表学说构造"最优相机监管模型"，从对分散的存款人的信息不对称且偏好"搭便车"的分析引入存款人集体行动失灵问题，并将讨论集中在金融何时需要外部干预和监管，以及外部人监管的激励方案。

监管激励理论将监管者和被监管者所面临的信息结构、约束条件和可行的工具纳入一个框架内进行综合考虑，并努力将产权结构和法律内生地加以分析，以尽可能地反映真实世界里可观察到的成本。

第二节　国内外研究现状述评

一　影子银行的界定

自麦克库利（McCulley，2007）提出"影子银行"这一概念以来，国内外学者对影子银行越来越关注，并对影子银行的界定进行了深入、广泛的研究。

2007美国次贷危机发生后，国际学术界率先对影子银行投入了更多的研究与关注。对于影子银行的界定，目前各界观点大致可分为以下三种类型：

一是从监管层面对影子银行进行界定，是否存在监管缺失或监管不足是判断影子银行的首要标准。盖思纳（Geithner，2008）从监管层面出发，认为游离于监管体系之外的、与商业银行相对应的金融机构或信用中介业务均属于影子银行范畴。伯南克（Bernanke，2013）将影子银行界定为存款机构以外的将储蓄转化为投资，且不受监管的金融中介机构。从而以监管层面对影子银行的界定，缺乏信息披露和适度的资本要求、不受存款准备金制度约束以及不受存款保险制度保护的机构或业务均可以划归为影子银行。

二是从参与实体层面对影子银行进行界定，一般将与银行相对应的金融中介机构确定为影子银行。阿德里安和希恩（Adrian and Shin，2009）将影子银行定义为以市场为导向的金融中介机构。戈顿和梅特里克（Gorton and Metrick，2010）提出，影子银行是指持有复杂衍生金融工具的非银行金融机构。Acharya等（2013）认为，影子银行是像银行一样实施借短贷长的杠杆活动，但受到较少监管的非银行金融机构。

三是从功能层面对影子银行进行界定，以是否发挥信用中介作用作为判断依据。波扎等（Pozsar et al.，2010）将具有信用转换、期限转换与流动性转换的信用中介定义为影子银行。美国金融稳定委员会FSB（2011）总结了影子银行的四个显著特征，即期限转换、流动性转换、不完善的信用风险转移以及高杠杆，并指出，影子银行为具有以上四个特征，且以监管套利为目的、可能引发系统性风险的非银行信用中介。

影子银行在我国的发展具有显著的本土化特征，因此，对于我国影子银行的界定，国内学者形成了与国外学者不同的观点。

一方面，对影子银行规模监管、核算一直是国内学者研究的重点内容，国内部分学者提出，以划分范围的方式对我国影子银行进行界定，以便为影子银行规模核算提供理论依据。方迎定（2011）考虑到影子金融体系在我国的本土化特征，指出，我国影子银行包括两部分：一是商业银行存在监管不足的证券化业务或表内移到表外的业务；二是包括小额贷款公司、担保公司、信托公司、财务公司和金融租赁公司等进行的"储蓄转投资"业务的非银行金融机构。李建军（2012）对我国影子银行体系做了界定，认为既包括商业银行表外业务，也包括银行体系以外的具有信用创造功能的产品、业务和机构。卢川（2012）从监管层面将我国影子银行分为两部分：一是银信合作、委托贷款等存在监管不足的银行业相关业务，以及非银行金融机构的融资业务；二是以典当行、"地下钱庄"和民间借贷等为代表的完全不受监管的民间金融业务。国务院办公厅107号文（2013）从官方层面明确了影子银行的概念，将我国影子银行主要分为三类：一是不持有金融牌照、完全无监管的信用中介机构，包括新型网络金融公司、第三方理财机构等；二是不持有金融牌照、存在监管不足的信用中介机构，包括融资性担保公司、小额贷款公司等；三是机构持有金融牌照，但存在监管不足或规避监管的业务，包括货币市场基金、资产证券化、部分理财业务等。中国人民银行营业管理部课题组（2016）将影子银行定义为"具备银行体系经济功能，且较少接受监管的非银行信用中介"，根据该定义的界定，影子银行范围包括银行理财业务、资产证券化业务、货币市场基金，以及小额贷款公司、融资担保公司、第三方理财机构和新型网络金融公司等业务和机构。

另一方面，国内也有学者参照国外学者研究成果，从功能层面对我国影子银行进行界定。易宪容（2009）认为，影子银行是在运作模式、交易方式和监管制度等方面与传统银行不同，但发挥传统银行功能的金融业务或机构。周小川（2011）认为，发挥商业银行功能，但却基本不受监管或仅受较少监管的非银行金融机构为影子银行。袁增霆（2011）提出，可以从以下两个特点对我国影子银行进行确认：一是对传统商业银行业务的替代性和依附性；二是是否具有货币信用创造的功能。魏涛等（2013）认为，我国影子银行是从事信贷、类信贷业务，并具有信用转换、流动性转换和期限转换等功能的传统商业银行体系以外的信用中介。孙国峰和贾君怡（2015）将商业银行影子银行业务界定为在资产扩张、创造货币的同时创造信用，但却没有记在贷款科目下的业务。

此外，关于我国影子银行业务的参与主体，裘翔和周强龙（2014）认为，我国影子银行体系中商业银行占主导地位；祝继高等（2016）进一步指出，同业业务是我国商业银行参与影子银行业务的重要方式之一。

本书结合国内外学者对影子银行的界定，将我国影子银行体系分为两个部分：一是与商业银行经营活动相关的影子银行业务，缺乏适度资本要求、不受存款准备金制度约束的业务，包括票据买入返售、同业代付、买入转售等，以及与非银行金融机构合作的委托贷款、银信合作等；二是从事影子银行业务的非银行金融机构，包括小额贷款公司、融资租赁公司、财务公司、信托公司等。

二　影子银行的运行与监管

国外对于影子银行运行和监管的研究多数结合 2008 年国际金融危机展开。克鲁格曼（Krugman，2008）指出，影子银行体系通过复杂的金融创新设计来规避传统的金融监管，影子银行可以比传统商业银行更容易获取流动性支持，可以从事比商业银行更广泛的业务领域。然而，影子银行也隐藏着金融风险，过度的影子银行现象会导致金融危机的爆发。本格森（Bengtsson，2013）通过研究 2007 年的美国次贷危机，深入分析了影子银行的运行机制和风险，结合实际数据分析了影子银行对金融体系的影响。他认为，影子银行的高杠杆操作和期限错配加大了整个金融体系的脆弱性，为了防范金融不稳定现象，应该加强对资产证券化和影子银行业务的监管。

巴曙松（2009）指出，影子银行通过在金融市场大量发行金融衍生产品，从而实现负债和资产业务的扩张，各个金融市场相互作用，形成影子银行系统。影子银行系统在严重缺少监管的情况下过度发展会积累大量的金融风险，严重者会导致金融危机甚至经济危机。陈振荣（2015）认为，影子银行的发展具有历史必然性，在一定范围内能够起到积极的作用，美国主要通过立法的形式在利率市场化期间以及次贷危机之后对影子银行的监管实施引导和规范，并不只是简单粗暴的禁止，因此，我国应建立和完善不同形态影子银行的法律法规，进行分类监管。

综上所述，学术界对影子银行的研究，仍集中于对其界定、原因、规模、分类、危机影响以及构建理论模型和初步探讨监管建议，较少对影子银行进行实证分析。本书在国内外学者研究的基础上，就影子银行对商业银行的绩效影响及风险程度进行实证分析。

三 影子银行的信用创造

戈顿和梅特里克（2009）介绍了影子银行的信用创造体系和货币供应机制。他们认为，影子银行创造货币的原理没有脱离传统商业银行货币创造的框架，只是将商业银行存款派生货币的机制运用于影子银行系统中。Andrew Sheng（2011）通过大量的数据研究证明了影子银行发展使货币政策的传导变得更为复杂，影响了货币政策的实施效果，影子银行的期限错配和高杠杆率削弱了金融体系的稳定性，并提出了针对加强资产证券化监管的措施。

在影子银行体系的信用创造及对货币政策的影响方面，周小川（2010）指出："部分影子银行像商业银行一样具有货币创造功能，并参与货币参数的放大过程，因此要引起中央银行货币政策的关注，并考虑新形势下的传导机制的变化。"王增武（2010）以银行理财产品为切入点，指出，影子银行体系模糊了货币政策的窗口指导口径，腐蚀了货币政策传导的基础，使货币供给量大大增加。李扬（2011）提出，影子银行体系通过提升货币流动性来向金融市场提供信用供给，却对货币存量没有产生影响，这削弱了货币当局的货币调控基础，而保守的货币当局和监管当局却把货币政策的实施不力和金融危机的爆发完全推卸给影子银行体系，试图阻止影子银行的发展；相反，相关部门应该适应其发展，调整和完善当前的货币政策及监管措施。周莉萍（2011）在戈顿分析理念的基础上，将影子银行体系拓展至一种广义的、以抵押品为中心的信用创造机制，并提出，可以从金融产品和金融机构角度来理解证券化影子银行机构的信用创造机制。中国人民银行货币政策研究员李波和伍戈（2011）从影子银行的运行特征入手，揭示了影子银行的信用创造功能，分析了影子银行对货币政策所构成的挑战。影子银行和商业银行一样，把资金的需求者和供给者联系起来，但是，影子银行不同于商业银行吸收并发放贷款的机制，而是通常以理财的形式进行融资，并以非传统的方式进入信贷市场。影子银行系统具有不同于传统商业银行的信用创造功能，通过创造不受中央银行约束的具有广义流动性特征的金融资产，对货币政策构成巨大挑战，影子银行本身具有极高的金融风险。王海全和郭斯华（2012）指出，影子银行发展在一定程度上影响了货币政策的传导机制和传导效果，使传导途径更加复杂、作用机制更加多样化，对金融稳定性构成了新的影响。班允浩和杨智璇（2012）从影子银行信贷中介的主体、提升货币供给能力和货币供给通道三个方面深入分析影子银行系统的信用创造机制，从影子银行本身的脆弱性和对金融体系稳定性两个方面分析了其产生的宏观效益，认为影子银行具有较强的货币创造能力并且包含较大的金融风险。

四　影子银行的风险防控

国外学者通常构建影子银行模型，以此对影子银行风险进行实证分析与研究。尼科拉等（Nicola et al.，2011）通过建立影子银行运作模型，指出，在理性预期前提下，影子银行能够提升居民财富和金融稳定性，但是，当投资者忽视尾部风险时，影子银行易导致银行流动性危机。莫赖拉和萨沃夫（Moreira and Savov，2014）建立了一个影子银行宏观金融模型，指出，当影子银行将风险资产转换为证券时，一旦遭遇不确定性因素的影响，将导致流动性紧缩，增大金融体系的脆弱性。卢克和谢姆普（Luck and Schempp，2015）指出，监管套利是商业银行影子银行业务的诱因，并提出，影子银行部门规模决定了其稳定性，同时影子银行风险具有传染性。

对于我国影子银行风险的研究，国内多数学者主要从以下两个层面进行实证研究。

从宏观层面，部分学者利用宏观数据对我国影子银行风险进行实证研究。林琳和曹勇（2013）通过构建包含影子银行体系风险压力在内的系统性风险压力指数，对中国影子银行体系及其与系统性风险的相互关系进行了实证研究。邹梦佳（2013）利用宏观数据构建 Logit 模型，对商业银行影子银行业务风险进行研究。肖斌卿等（2015）使用人工神经网络模型，并在设计我国金融风险预警模型中着重引入影子银行风险指标。宋巍（2015）通过构建 BP 神经网络模型，分析了我国影子银行体系风险状况，并进行风险等级评价。姬生刚和段进（2015）运用层次分析法和模糊综合评价法构建我国影子银行风险评价体系，并进行风险预警研究。

从微观层面，部分学者通过对影子银行机构或产品之间的风险传染来对我国影子银行风险进行实证研究。李建军和薛莹（2014）基于会计账户间的传染对影子银行风险进行测度，假定该传染过程为马尔科夫过程，运用投入产出法构建风险测度模型，得出观测期内我国影子银行部门系统性风险整体呈现上升趋势的结论。何国华等（2014）采用 VaR－EGARCH－M 方法从影子银行产品结构演进视角对风险衍生进行详尽的分析。林琳和曹勇（2015）通过建立商业银行和影子银行之间的复杂网络模型，对银行间同业业务和通道业务进行研究，分别考虑在流动性充足和不足的两种情况下商业银行和影子银行间的风险传染过程。方先明等（2016）对影子银行业务的交叉关联效应进行深入研究，提出，金融监管会在一定程度上弱化影子银行业务的交叉关联效应，进而降低风险传染。

在我国影子银行体系中，商业银行占据主要地位，影子银行业务是传统贷款业务的延伸。因此，本书综合国内外学者对影子银行业务、风险的研究成果，基于影子银行业务视角，对商业银行风险进行实证预警研究，为商业银行影子银行业务的风险预警、防范及监管提供理论支持。

第二章　利率市场化进程中影子银行的现实基础

第一节　影子银行概述

影子银行起源于发达国家金融创新，由于处于监管灰色地带而迅速发展并走向繁荣，其过度发展引发了 2007 年美国次贷危机。2008 年开始，影子银行体系逐渐为人所重视，各国也纷纷出台改革法案，力图将其纳入监管范围。

与传统银行相比，影子银行具备一些鲜明的特点：首先是以批发业务为主。影子银行通常采用批发的业务模式，有别于商业银行的零售模式，从而提高了金融风险的集聚度。其次是高杠杆率运作。在影子银行发展鼎盛的 2007 年年底，美国五大投资银行平均杠杆率超过30 倍，美国、英国主要对冲基金的杠杆率超过 50 倍，同期美国房利美、房地美两类住房抵押贷款的杠杆倍率高达 62.5 倍。最后是缺乏有效监管。对影子银行的监管方案并不成熟，存在很多监管真空，而且它以场外交易为主，而场外交易在西方发达国家并不受相关交易委员会的监管。影子银行与传统商业银行比较汇总如表 2 - 1 所示。

由于操作模式的不同，影子银行在日常经营的各个方面都显示出不同于传统银行的一些特点。首先，传统银行为提高偿付能力，会预留一部分存款作为储备，而且可以向中央银行借款来解决流动性不足问题；而影子银行则预留一部分头寸。在存款保险方面，传统商业银行如果因为某种原因出现无力偿付的情况，政府会予以救济，影子银

表 2 - 1 影子银行与传统商业银行比较

	传统商业银行	发达国家影子银行	中国影子银行
资金来源	存款	货币市场基金	出售权益、银行贷款、自有资金
交易场所	规范性场内交易	柜台交易市场	柜台交易
业务模式	零售	批发	批发或零售
产品结构	简单	复杂	简单
信息披露	透明	不透明	不透明
杠杆率	10—15 倍	20 倍以上	10 倍以下
监管方式	缴纳存款准备金、《巴塞尔协议》约束、银行监管机构信贷额度限制	不受或少受监管，主要依靠市场约束和机构自身声誉担保	不受或少受监管，管理部门分散，没有统一的监管机构
监管程度	严格	宽松	宽松
主要风险类别	信用风险、市场风险、操作风险	流动性风险、系统性风险	信用风险、市场风险、操作风险、流动性风险

行则没有这种待遇，它能做的就是进行抵押。为了吸引资金，传统银行要做的是提高存款利率，而影子银行则是由双方协商提高回购利率。

其次，传统商业银行吸收存款用来发放贷款的资金会全部反映在资产负债表上；而对于影子银行，由于资金的借出只是暂时的，贷款会以资产证券化的形式再被买回来，这时资产负债表就不能反映出影子银行的真实资产负债情况。

第二节　中国影子银行的发展

一　中国利率市场化改革

1993 年，为了贯彻党的十四届三中全会决定，颁发了《国务院关于金融体制改革的决定》（国发〔1993〕91 号），我国确立了利率市场化改革的基本设想，并将利率改革的长远目标确定为：建立以市场资金供求为基础、以中央银行基准利率为调控核心、由市场资金供求决定各种利率水平的市场利率体系的市场利率管理体系。自此，中国利率市场化改革已经推动了 20 余年，期间，大致经历了稳步推进阶段、加速发展阶段和收官阶段。

（一）利率市场化改革稳步推进阶段

1996 年，以放开同业拆借市场利率为突破口，我国正式启动了利率市场化改革，并开始稳步推进。

1997 年，银行间债券回购利率放开，我国开始对债券市场利率进行市场化改革。1998 年 8 月，国家开发银行在银行间债券市场首次进行了市场化发债；1999 年 10 月，国债发行也开始采用市场招标形式，从而实现了银行间市场利率、国债和政策性金融债发行利率的市场化。

1998 年、1999 年，中国人民银行连续三次扩大金融机构贷款利率浮动区间，并要求各金融机构建立贷款内部定价和授权制度。同时，对贴现利率生成机制进行了改革，贴现利率和转贴现利率在再贴现利率基础上加点生成，在不超过同期贷款利率（含浮动）的前提下由商业银行自定，从而实现对贴现与转贴现利率的放开。

1999 年，开始对存贷款利率市场化改革进行初步尝试。中国人民银行于 1999 年批准种子商业银行对中资保险公司试办由双方协商确定利率的大额定期存款，进行了存款利率改革的初步尝试。2000 年，实行外汇利率管理体制改革，放开外币贷款利率和 300 万美元（含 300 万美元）以上的大额外币存款利率；300 万美元以下的小额外币存款利率仍由中国人民银行统一管理。此后，于 2003 年放宽了英镑、瑞士法郎和加拿大元的外币小额存款利率管理，由商业银行自主确定，而对美元、日元、港币、欧元的小额存款利率实行上限管理，商业银行可根据国际金融市场利率变化，在不超过上限的前提下自主确定。

2004 年，金融机构人民币贷款利率上限完全放开。2004 年 1 月 1 日，中国人民银行在此前已两次扩大金融机构贷款利率浮动区间的基础上，再次扩大贷款利率浮动区间。商业银行、城市信用社贷款利率浮动区间扩大到基准利率的 0.9—1.7 倍，农村信用社贷款利率浮动区间扩大到基准利率的 0.9—2 倍，贷款利率浮动区间不再根据企业所有制性质、规模大小分别制定。2004 年 10 月，贷款上浮取消封顶。下浮的幅度为基准利率的 0.9 倍，还没有完全放开。与此同时，银行存款利率都允许下浮，不设下限。

（二）利率市场化改革加速发展阶段

经历了利率市场化改革初期的稳步推进阶段，2012 年开始，我国利率市场化改革开始加速进行。2012 年 6 月，中国人民银行进一步扩大利率浮动区间。存款利率浮动区间的上限调整为基准利率的 1.1 倍；贷款利率浮动区间的下限调整为基准利率的 0.8 倍。7 月，再次将贷款利率浮动区间的下限调整为基准利率的 0.7 倍。2013 年 7 月，进一步推进利率市场化改革，金融机构贷款利率管制全面放开，金融机构根据商业原则自主确定贷款利率水平。2014 年 11 月，结合推进利率市场化改革，存款利率浮动区间的上限调整至基准利率的 1.2 倍，一年期贷款基准利率下调 0.4 个百分点至 5.6%；一年期存款基准利率下调 0.25 个百分点至 2.75%，并对基准利率期限档次作适当简并。

（三）利率市场化改革收官阶段

2015 年起，我国利率市场化改革进入收官阶段。2015 年 3 月，中国人民银行将存款利率浮动区间上限扩大至 1.3 倍。同年 5 月，中国人民银行继续将存款利率浮动区间上限扩大至 1.5 倍。10 月，中国人民银行宣布对商业银行和农村合作金融机构等不再设置存款利率浮动上限，标志着利率市场化改革已经进行到最后阶段。

随着银行间同业拆借利率和债券利率的市场化，贷款利率、贴现利率的市场化，存贷款利率的市场化改革相继完成。对于未来利率市场化改革，中国人民银行明确表态还有两个方面的重点工作需要推进：一是改善金融机构的定价机制；二是疏通货币政策传导机制。

二　影子银行的历程

中国影子银行与我国经济转型发展、金融改革深化相伴而生，虽然构成中国影子银行的部分非银行金融中介机构成立的时间可以追溯到改革开放之前，但是，由于政策环境、经济发展背景的差异，它们并不具备影子银行的特征。中国影子银行的发展状况，从功能角度可以将影子银行发展历程划分为产生、发展和膨胀三个阶段（见表2－2）。

表2－2　　　　　　　　　中国影子银行的发展历程

阶段	时间	新兴影子银行机构或业务	主要特点
产生阶段	1978—1992 年	信托投资公司、典当行、融资租赁公司、风险投资公司和企业财务公司	1. 非银行金融中介机构恢复设立，信托公司大量增加 2. 银行和地方政府违规开办信托公司，信托公司违规从事银行信贷业务
发展阶段	1993—2002 年	风险投资公司、基金管理公司、私募基金、证券投资基金、委托贷款和资产证券化	1. 资本市场迅速发展，影子银行与资本市场的关系日益紧密 2. 出现了资产管理业务的形式，如券商理财产品 3. 出现了作为投资和融资的媒介进行资产管理的中介机构，如基金管理公司、证券投资基金等
膨胀阶段	2003 年至今	小额贷款公司、汽车金融公司、银行理财产品、网络信贷平台等	1. 商业银行创新的制度环境形成 2. 金融体系内部影子银行迅速发展，规模迅速扩大 3. 非银行金融中介类型增多，专业化程度进一步提高 4. 以金融体系外资金循环为主

　　资料来源：于菁：《中国影子银行对宏观经济影响的作用机理研究》，硕士学位论文，东北财经大学，2013 年。

三　利率市场化下的影子银行

（一）影子银行对融资渠道的创新，推动贷款利率市场化

影子银行的发展拓宽了我国的社会融资渠道。对于信用良好的居

民以及成长性高的中小微企业，由于缺乏优质抵押资产或足够的经营记录，或因信贷流程繁杂，或因上市门槛高以及周期长等众多原因，难以从银行或资本市场等传统融资渠道获得资金以满足自身融资需求。为保证自身发展需求，这类企业或个人转而从影子银行市场获得资金，影子银行因而得以产生并迅速发展。图2-1展示了上述影子银行发展趋势，在社会融资规模中，2013年，委托贷款、信托贷款、未贴现银行承兑汇票三者之和占比相比于2006年增长近两倍，人民币贷款占比下降了近20%。

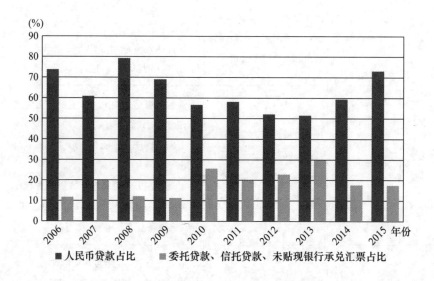

图2-1 2006—2015年社会融资规模变动情况

在融资价格方面，在影子银行市场上借款人可以利用自己的信用水平选择有利的融资价格，无须像传统银行信贷那样，被动地接受商业银行提供的贷款利率，从而借款人在影子银行市场上具有讨价还价和自由选择资金来源方的权利。因此，影子银行产品、业务与机构也会根据借款人的信用水平、风险状况以及市场竞争情况，灵活调整利率水平。

影子银行融资渠道的不断创新，不仅是对传统融资渠道的有益补充，也给商业银行带来了竞争，影子银行对融资渠道创新带来的各种竞争都会引起贷款利率的不断浮动，从而整体上提升了贷款利率的市场化程度，不仅给商业银行带来了竞争，也是对传统融资渠道的有益补充和替代。不同融资者之间、不同影子银行之间、融资者与影子银行之间、影子银行与传统商业银行之间、不同融资渠道之间的各种竞争都会引起贷款利率的不断浮动，从而在整体上提升了贷款利率的市场化程度，这也在一定程度上推动了2013年金融机构贷款利率管制的全面放开。

（二）影子银行对投资渠道的创新，推动存款利率市场化

当前，影子银行在投资渠道方面的创新主要体现在以下三个方面：一是以银行理财产品为代表的传统商业银行新型投资产品，此类产品期限灵活，且因理财产品投资方向不同、银行内部管理团队不同，为投资者提供更多的收益、风险选择机会。二是券商集合投资计划、私募股权基金等非银行金融机构管理的私募类投资产品，此类产品投资策略灵活，资产管理人可以根据投资者的需求不断调整，甚至可以为投资者进行量身定制，以便最大限度地满足投资者的真实需求。三是用于特定项目（如地方政府公共建设项目）或特定行业（如房地产业）的信托产品，相比于债券，该类产品种类较多，从而投资者可以在期限、风险、收益等方面按照自身需求进行产品组合。从三种主要的影子银行创新型投资渠道来看，影子银行产品与存款、股票、债券等传统投资渠道有明显区别，其更能符合投资者的投资需求。基于上述投资渠道方面的积极创新，我国影子银行发展迅速。图2-2为2006—2015年人民币储蓄存款和理财产品余额增长率变动情况，从中可以看出，2006年以来银行理财增长率始终保持高速增长趋势。

影子银行的不断创新，使投资者在转向影子银行投资品的同时，也不断比较着创新投资渠道与传统渠道之间的风险程度和收益水平，在一定程度上起到了通过市场力量自下而上地推动存款利率市场化改革的作用。同时，影子银行产品和业务创新，提升商业银行及其他非银行金融机构的金融创新能力和应对市场变化的适应能力。在利率市场化改革进程中，金融机构能够更好地调整适应，转变业务结构和盈利模式，增强提供个性化、多元化服务的能力，从而更好地适应利率

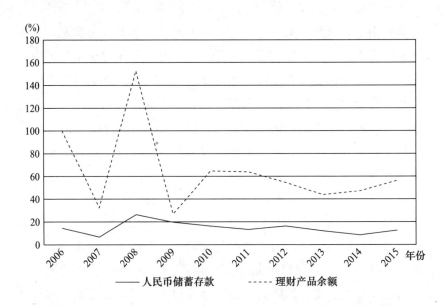

图 2 - 2   2006—2015 年人民币储蓄存款和理财产品余额增长率变动

市场化改革，为利率市场化改革提供了重要的必要条件。

（三）影子银行对定价机制的创新，推动利率的市场化形成机制

间接融资一直以来都是我国企业融资的主要方式，为维持金融市场相对稳定，我国在相当长的一段时间内对商业银行实行较为严格的利率管制。当金融市场基础薄弱、经济水平尚不发达时，实行利率管制能在一定程度上对资金进行有效调动，集中发展部分重点行业，有利于一国的基础经济建设。随着我国市场化建设步伐的不断加快，金融体制改革不断深化，利率管制的弊端逐渐显现，主要体现为非市场化的利率难以真实地反映资金价格，同时也会导致社会资源的错配。此时，培育并形成相对完善的利率市场就显得尤为必要。影子银行利率随市场供求变动，不受非市场化因素的干扰，如理财产品、信托贷款、同业业务等参考同业拆放利率，运用先进的定价方法和定价模型精确测算利率，相比于商业银行的存贷款利率，能够更准确地反映市场供求关系。影子银行价格机制的形成有助于金融机构完善内部管理、定价机制建设等利率市场化配套制度措施，为利率市场化创造条件。

第三节　中国影子银行的构成

综合国内学者研究成果，我国影子银行体系由两个部分构成：一是与商业银行经营活动相关的影子银行业务，包括票据买入返售、同业代付、买入转售等银行同业业务，以及与非银行金融机构合作的委托贷款、银信合作等；二是从事影子银行业务的非银行金融机构，包括小额贷款公司、融资租赁公司、财务公司、信托公司等。具体包括如下业务和机构：

一　内部影子银行业务

根据前文对商业银行影子银行业务的界定，我国商业银行影子银行业务，是指与商业银行经营活动相关、缺乏适度资本要求、不受存款准备金制度约束的业务，包括票据买入返售、买入转售等银行同业业务，以及与非银行金融机构合作的委托贷款、银信合作等。为规避信贷额度限制、满足适度资本要求，商业银行通过业务创新，开展多种影子银行"类贷款"业务，具体包括将表内信贷资产表外化和信贷资产伪装为非信贷资产两个类别。

（一）表内信贷资产表外化

如上一节所述，商业银行表外业务具有无适度资本要求、不受存款准备金制度约束等特点，从而商业银行通常采用委托贷款和银信合作等方式将表内信贷资产表外化，以突破信贷限制，实现监管套利。具体包括以下几类模式：

1. 信托贷款类理财产品

在该模式下，商业银行通过发行理财产品，募集理财资金，以此资金购买待融资企业与信托公司共同设立的信托计划，从而实现向待融资企业发放信贷资金的目的。具体操作如图2-3所示。

2. 信贷资产类理财产品

在该模式下，商业银行向待融资企业提供信贷资金，形成信贷资产，并将该笔信贷资金转让给信托公司，待信托公司将银行多笔信贷

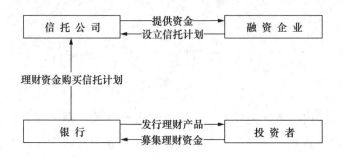

图 2 – 3　信托贷款类理财产品运作模式

资产打包设立信托计划后，商业银行利用发行理财产品募集的理财资金购买信托计划，以此实现表内贷款业务制表。具体操作如图 2 – 4 所示。

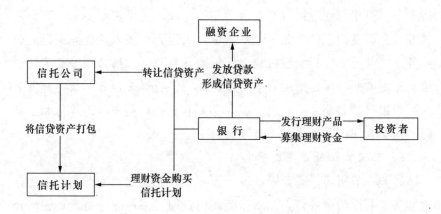

图 2 – 4　信贷资产类理财产品运作模式

3. 引入"过桥"银行

在该模式下，A 银行向待融资企业提供信贷资金，形成信贷资产，并将该笔信贷资金转让给信托公司，待信托公司将银行多笔信贷资产打包设立信托计划后，由 B 银行作为"过桥"银行，利用发行理财产品募集的理财资金购买信托计划，以此实现 A 银行表内贷款业务制表。具体操作如图 2 – 5 所示。

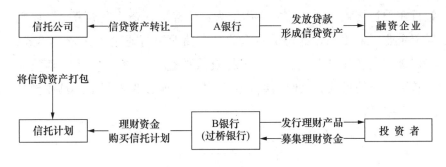

图 2-5 引入"过桥"银行模式

4. 引入"过桥"企业

在该模式下，信托公司为 A 企业提供资金并设立信托计划，B 企业作为"过桥"企业，从信托公司购买信托受益权并转让给商业银行，商业银行为获得该笔信托受益权，可以利用发行理财产品募集的理财资金进行付款。具体操作如图 2-6 所示。

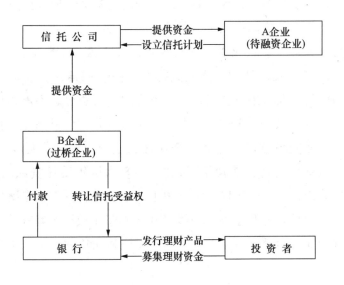

图 2-6 引入"过桥"企业模式

5. 委托贷款

在该模式下，企业 B 委托商业银行，将资金贷款给企业 A。商业银行在委托贷款业务中的主要作用为：代替出资企业发放资金，监督融资企业资金使用，并协助资金收回。商业银行通过委托贷款模式，将传统"贷款业务"转换为"委托贷款受益权"，实现将银行信贷业务转至表外的目的，其收入纳入银行的中间业务收入范围。具体操作如图 2-7 所示。

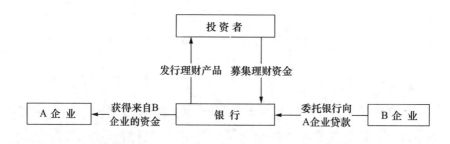

图 2-7　委托贷款

委托贷款业务不仅实现了商业银行表内信贷资产向表外资产的转换，同时，为企业之间提供了借贷途径。在委托贷款业务中，商业银行作为受托人，接受企业委托，按照委托人的意愿，提供合法资金，并以银行的名义发放贷款。商业银行充当中介的角色，负责贷款发放、贷后监管以及协助贷款偿还，在不占用自有资金、不承担信贷风险的同时，可以收取一定的手续费用。2010 年以来，随着银行信贷规模收紧，企业间借款成本高企，企业之间呈现出资金供需两旺的局面。委托贷款因而得到快速增长，图 2-8 为历年委托贷款增加额，从中可以看出，2010—2014 年后委托贷款新增额及其在社会融资规模所占比重呈现显著上升趋势，2015 年由于对影子银行监管政策趋紧以及影子银行业务内部规模轮动等原因，新增委托贷款额首次出现显著的下降。

在委托贷款业务中，由于商业银行仅按固定比例收取手续费用，无须承担信贷风险，因此难以激发商业银行的业务审批积极性，忽略委托贷款监管作用的发挥，一旦发生违约事件，风险将转嫁于委托人，从而扩大了风险波及范围。

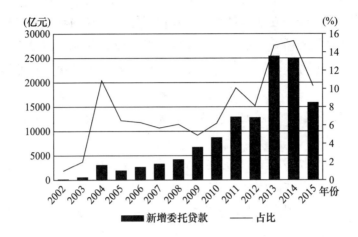

图 2 - 8　2002—2015 年委托贷款新增额

资料来源：Wind 数据库。

（二）信贷资产伪装为非信贷资产

1. 同业代付

在同业代付业务中，委托银行以自身名义委托代付银行向提出申请的待融资企业提供信贷资金，受托银行代为兑现信用承诺，既可以在规定付款日将信贷资金直接交付待融资企业，也可以在规定日将信贷资金划款至委托方账户，再由委托方向待融资企业提高融资。

同业代付，对于委托银行而言，属于表外业务，不记入贷款会计科目中，从而可以规避贷款规模和存贷比的限制。同时，在债权、债务关系不发生转移的情况下，解决企业融资问题，有利于降低企业融资成本，实现业务参与者三方获益。然而，同业代付业务在绕开信贷规模限制的同时也造成了风险过度聚积。为此，2012 年，银监会通过《中国银监会办公厅关于规范同业代付业务管理的通知》（银监办发〔2012〕237 号），以对银行间同业代付业务进行规范，2012 年后，商业银行同业代付业务规模开始呈现收缩趋势。

2. 买入返售业务

2013 年，《中国银监会关于规范商业银行理财业务投资运作有关问题的通知》（银监发〔2013〕8 号）的出台遏制了表外信贷类理财产品的急剧扩张，在此背景下，商业银行通过业务创新，对信贷资产进行伪装以规避监管，信托受益权买入返售业务开始成为最广泛流行的影子银行业务模式。通过对信托受益权进行买入返售，商业银行实现了属于资金业务的同业业务向"类贷款"业务的转变，具有不纳入银行存贷比考核、无须缴纳准备金等优势。信托受益权买入返售模式通常包括以下几类模式：

（1）抽屉协议模式。在该模式中，B 银行受政策或贷款额度限制，无法直接向待融资企业发放信贷资产，此时可以与 A 银行开展同业合作，A 银行利用自有资金设立信托计划，进而为待融资企业提供资金。B 银行需对 A 银行承诺受让远期信托受益权，因此，B 银行为该笔业务中的实际风险承担者。抽屉协议模式是最简单的买入返售业务操作模式，具体操作如图 2-9 所示。

图 2-9　抽屉协议模式

（2）三方协议模式。在该模式中，A 银行作为甲方，以自有资金或同业资金设立单一信托，通过信托公司向待融资企业提供信贷支持，在该笔业务中充当资金过桥方；B 银行作为乙方，以同业资金购买 A 银行持有的信托受益权，在该笔业务中充当资金的实际出资方；C 银行作为丙方（兜底银行），承诺远期购买 B 公司从 A 公司受让的信托受益权，在该笔业务中充当风险承担方。三方协议模式是最为标准的买入返售三方合作模式，具体操作如图 2-10 所示。

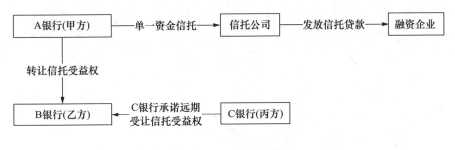

图2-10 三方协议模式

（3）假丙方三方模式。在该模式中，如果D银行无法直接充当标准三方协议模式中兜底银行的角色，那么，可以通过信用增级的方式，找到C银行充当标准三方协议中的兜底银行，以便C银行与B银行、A银行签订标准三方协议。但此时D银行作为风险的实际最终承担者，C银行为假丙方，D银行为真丙方。具体操作如图2-11所示。

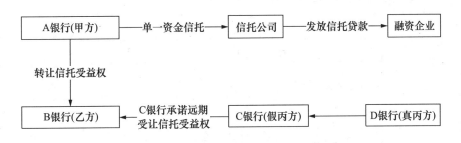

图2-11 假丙方三方模式

（4）配资模式。在该模式下，C银行向B银行配资一笔同业存款，B银行将该笔同业存款转换为非标资产进行投资，既可以通过直接投资的形式，也可以通过过桥方A银行以同业资金形式，与信托公司设立单一信托，实现向待融资企业的信贷支持。C银行除同业存款外，还需对信托受益权做出远期受让承诺或承诺同业存贷质押，因此，既要充当资金的实际出资方，也要承担该笔业务的风险。具体操作如图2-12所示。

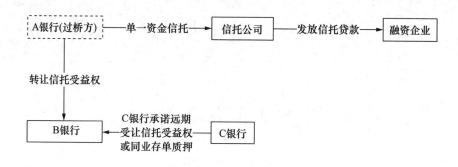

图 2 - 12 配资模式

（5）存单质押三方模式。在该模式下，B 银行向待融资企业发放一笔贷款，同时要求企业将该笔贷款存为存单，待融资企业可以将存单质押于信托公司，获得质押贷款。信托公司资金来自 A 银行对该笔存单信托受益权的购买，B 银行向 A 银行承诺远期回购该笔信托受益权。具体操作过程如图 2 - 13 所示。

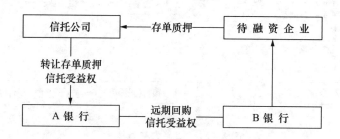

图 2 - 13 存单质押三方模式

在该笔业务中，B 银行获得了两笔存款和一笔贷款，其中存款包括待融资企业存单和待融资获得 A 信托贷款后账户内增加的资金、贷款包括向待融资企业发放贷款，不仅释放了存贷比，而且扩大了银行交易额。

3. 投资类业务

2014 年，《关于规范金融机构同业业务的通知》（银发〔2014〕127 号）对买入返售金融资产的标的进行规范，只有流动性较高的金融资产，才能作为买入返售标的，买入返售信托受益权在一定程度上受到限制。在此背景下，商业银行将影子信贷资产挪用至投资业务，以应收款项类投资为代表，自 2013 年以来增长迅速。商业银行应收款项类投资业务构成如图 2 - 14 所示。

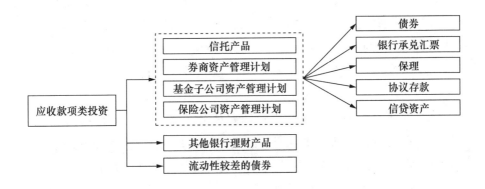

图 2 - 14　商业银行应收款项类投资业务构成

资料来源：穆迪咨询。

从图 2 - 14 中可以看出，商业银行应收款项类投资具有通道业务特征，通过信托和资产管理计划，商业银行应收款项类投资资金可以被广泛地投资于债券、银行承兑汇票、保理等多项资产类别中，进而实现向目标行业企业和地方政府融资平台提供信贷资金支持。此外，应收款项类投资也在一定程度上发挥增信功能，发起这些投资产品的银行和非银行金融机构可以向买方提供结构化安排、存单质押和担保等增信手段，从而改变基础债务的风险回报状况。

二　外部影子银行机构

从事影子银行业务的非银行金融机构，主要包括信托公司、小额贷款公司、财务公司以及融资租赁公司。

（一）信托公司

1. 信托公司的发展现状

自 2001 年《中华人民共和国信托法》和《信托公司管理办法》颁布，以及 2002 年《信托投资公司资金信托管理暂行办法》正式实施以来，我国信托业进入规范发展阶段，"一法两规"也是我国信托业规范发展的所需。自此之后，信托公司按照"一法两规"的相关政策规定，在"受人之托，代人理财"功能定位下，规范、有序地开展真正的信托本源业务。在该阶段，集合资金信托业务一枝独秀，是信托业最重要、最成熟的业务形式。同时，信托公司开展的信托业务还处于基础阶段，大多以贷款类信托业务为主，投资领域也主要集中在基础设施、房地产、工商企业和银行信贷资产等传统领域。因此，在信托业规范化发展初期，信托业务手段比较单一，严重依赖贷款方式，潜藏着一定的业务风险。

2007 年，中国银行业监督管理委员会颁布了全面修订后的《信托公司管理办法》和《集合资金信托计划管理办法》，信托业迎来了高速扩张阶段，信托资产规模每年以约 1 万亿元的水平增长。与此同时，通过不断创新，信托公司业务呈现多元化发展，私募股权信托、阳光私募证券信托、基金化房地产信托、受托境外理财以及银信合作、征信合作等业务应运而生。其中，银信合作业务开展的初期既解决了广大投资者对多元化、复合型的金融服务与金融产品存在十分迫切的需求，又满足了商业银行拓展中间业务领域、扩大中介业务收入、发展高端客户和改善银行客户结构的现实需求，是信托制度创新的重大突破。

2010 年，中国银行业监督管理委员会颁发《信托公司净资本管理办法》，信托业得到了进一步升级转型的发展契机。银信合作理财业务获得了更广阔的发展前景，通过对银行客户资源、网络优势和信托公司的制度优势、政策平台以及多元化的工具进行整合，信托公司创造性地开展主动型银信合作理财业务。通过加强与商业银行的合作，开展私人银行财富管理信托业务，银信合作业务模式逐渐深入发展。

图 2－15 展示了 2007 年以来信托业资产余额情况，从中可以看出，2010 年以来，信托业获得了高速发展，资产规模迅速增加。

信托公司虽然在一定程度上满足了居民投资需求，并丰富了市场融资方式，但是，在经营过程中也面临一系列的问题。

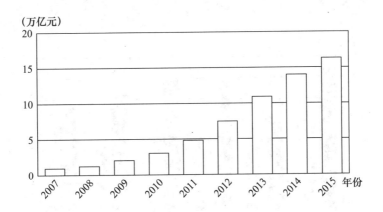

图 2 – 15　2007—2015 年信托资产余额

资料来源：Wind 数据库。

2. 信托公司经营中存在的问题

在经历了规范化发展后，信托业成为 2009—2015 年时期金融行业中发展速度最快的细分行业。信托业在快速发展的同时也逐步累积了相当的风险。

（1）存在刚性兑付的行业"潜规则"。2013 年以来，多个信托项目接连发生风险事件，其中出险项目多为银行代销的项目。在项目风险发生后，信托公司、发行银行和项目所在地政府为防止挤兑事件发生加剧风险在金融机构间的传染，迫于压力对出现项目风险的信托项目予以兑付。信托行业中呈现刚性兑付的行业"潜规则"，从而使信托投资产品收益成为无风险收益。针对信托业刚性兑付现象，2014 年发布的《中国金融稳定报告》指出："刚性兑付增加了金融体系的整体风险。刚性兑付导致理财产品的风险和收益不匹配，抬高了市场无风险资金定价，引发了资金在不同市场间的不合理配置和流动。"

（2）信托资金来源及运用方式较为单一。根据中国信托业协会的统计数据，2010 年以来，信托业资金来源较为单一，在信托资金余额中，单一信托资金占比虽然呈现逐年下降趋势，但截至 2015 年年末，占比仍然在 50% 以上。从信托资金余额运用方式来看，贷款类占比最高，接近 40%，具体如图 2 – 16 所示。

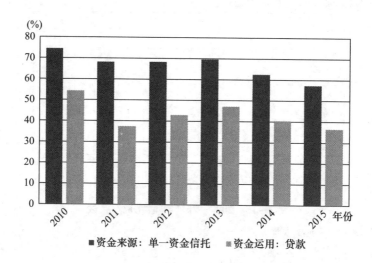

图 2 – 16 2010—2015 年信托资金来源与资金运用

信托公司开展的信托业务以通道类、贷款类为主,信托成为资金融出方规避监管的通道,成为银行满足客户资金需求的辅助渠道。资金信托业务基本为银行介绍,而且最终无论是发行单一信托产品还是集合信托产品,大部分资金也都来源于银行,这也就使信托产品具有刚性兑付特点。资金来源与运用方式过于依赖商业银行,难以激发信托行业进行产品业务创新,同时潜藏着较高的道德风险。

(3) 信托资金投向非国家扶持行业,对实体经济支持力度不足。图 2 – 17 展示了 2010—2015 年各行业信托资金投向占比情况,从中可以看出,信托资金倾向于投向基础产业及房地产业,在 2015 年以前占比均超过 30% 。受 2014 年年末至 2015 年年初证券市场繁荣的影响,2015 年投向证券市场和金融机构的信托资金占比大幅上涨。从投向工商企业的信托资金占比来看,虽然在 2012 年有所增加,占比超过了 20% ,但在 2013 年以后又呈现出逐年下降的趋势,始终在 30% 以下。而且根据公开信息,信托资金投入的工商企业有相当部分属于钢铁、煤炭、有色金属冶炼等产能过剩行业。总体来看,信托资金未能对实体经济形成有效支持,且资金的投向与经济结构调整的方向不

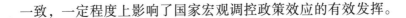

一致，一定程度上影响了国家宏观调控政策效应的有效发挥。

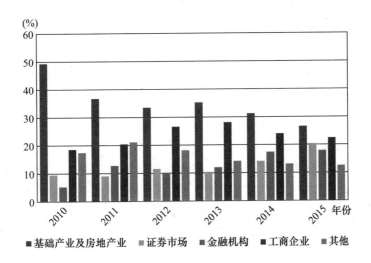

图 2 – 17　2010—2015 年期间信托资金投向

（二）小额贷款公司

1. 小额贷款公司的产生

关于我国小额贷款公司的含义和性质，《中国银行业监督管理委员会　中国人民银行关于小额贷款公司试点的指导意见》（银监发〔2008〕23 号，以下简称《关于小额贷款公司试点的指导意见》）中作了如下描述：小额贷款公司是由自然人、企业法人与其他社会组织投资设立，不吸收公众存款，经营小额贷款业务的有限责任公司或股份有限公司。小额贷款公司是企业法人，有独立的法人财产，享有法人财产权，以全部财产对其债务承担民事责任。小额贷款公司股东依法共享资产收益、参与重大决策和选择管理者等权利，以其认缴的出资额或认购的股份为限对公司承担责任。小额贷款公司应执行国家金融方针和政策，在法律、法规规定的范围内开展业务，自主经营，自负盈亏，自我约束，自担风险，其合法的经营活动受法律保护，不受任何单位和个人的干涉。

在我国，小额信贷的历史要比小额贷款公司早得多。在 20 世纪八九十年代，就有一些国际组织在中国以促进扶贫为目标开展非营利的农村小额信贷项目。2000 年后，在大量国有商业银行纷纷进城放弃农村市场的背景下，为进一步促进"三农"发展，解决广大农村地区资金供给短缺问题，国家出台了一系列鼓励政策，推动农村信用社、农村合作银行及农村商业银行开展小额信贷业务，各大商业银行在开展小额信贷业务的同时，还专门设立小额信贷窗口提供服务，小额信贷获得了在全国范围内的全面推行。专业性的小额贷款公司是在 2005 年以后才开始发展起来的，2005 年年底，为吸引民间资本，补偿农村金融市场的资金供给不足，同时也是为了规范农村民间借贷市场的发展，中国人民银行在山西、陕西、四川、贵州、内蒙古五个省、区的范围内启动了小额贷款公司试点，成立了首批 7 家小额贷款公司。2008 年发布的《关于小额贷款公司试点的指导意见》进一步明确了小额贷款公司的性质、设立程序、资金来源、资金运用和监督管理等具体问题，在各地方政府推动下，小额贷款公司试点发展迅速。

小额贷款公司的产生，与民间借贷相比，具有规范的运作方式和严格的管理制度，其组织形式、性质、经营范围等均有明确规定，引导资金流向农村和欠发达地区，改善农村地区金融服务，为促进小微企业发展发挥了重要作用。其产生发展的意义在于：

首先，小额贷款公司本身就是民间借贷机构，其资本和资金主要来自民间投资，为民间小微企业提供信贷服务，坚持"小额、分散"的贷款发放原则。

其次，小额贷款公司按规定有序组织、集中民间闲散资金，运作较规范，有利于民间金融的稳定和宏观监管调控。小额贷款公司与市场中的典当行、投资公司、理财公司、担保公司等从事民间借贷中介的机构相比，受到的监管相对而言更为严格，因而相比之下，小额贷款公司的运作也较为规范。

再次，小额贷款公司可以利用中央银行的征信系统以减少借贷风险。有效地解决在民间借贷中存在的信息不对称问题，控制风险，并进一步建立起民间借贷的信用等级测评制度，完善信用评价体系。

最后，小额贷款公司可以通过行业协会进行自律经营。通过协会加强对民间资本使用的引导，推进民间借贷中介组织的规范化，对民间借贷活动进行有组织的系统管理。

2. 小额贷款公司的发展现状

在我国，绝大多数企业还是把商业银行贷款作为外部资金的主要来源，而商业银行基于成本、风险的考量，更倾向于向大型企业授信，对小微企业和"三农"的授信相对偏少。然而，与大型企业相比，小微企业和"三农"对资金的需求反而更加强烈，同时它们所能进行的融资渠道也更窄。在这样的条件下，为解决小微企业和"三农"贷款问题，我国民间金融异常活跃，在温州等地，"地下钱庄"成了民间借贷的主要形式，随之而来的是高得离谱的利率水平。

为规范民间借贷，合理引导民间资本，2005 年，中央银行在山西、陕西、四川、贵州、内蒙古五个省份开展小额贷款公司试点；2006 年，中央银行在全国推行"普惠"金融的理念，极力推动小额贷款公司的发展。早期由政府主导的小额信贷模式，以及社会上的公益性小额信贷，不仅不具备可持续发展性，而且资金无法惠及真正需要资金的"三农"和小微企业领域，而公益性小额信贷对资金捐赠具有严重的依赖性。因此，一方面为解决公益性小额信贷资金短缺的问题，另一方面带动民间资本的合法化经营，中央银行允许民间资本开办小额贷款公司。通过几年的试点，小额贷款公司取得了成功，同时，在支持"三农"和小微企业的发展上也取得了一定的成就。2008 年，小额贷款公司正式在全国进行推广。从表 2－3 中的数据可以看出，过去五年中，小额贷款公司作为一个行业在我国得到了飞速的发展，无论在机构数量方面还是从业人员数量方面，都至少扩张了 4 倍左右。

从表 2－3 中的数据可以得出，到 2015 年年末，我国小额贷款公司的总量达到近 9000 家，工作人员近 12 万人，实收资本共 8400 多亿元，贷款余额 9400 多亿元。但小额贷款公司的发展却具有严重的区域性特点，其中，我国中东部地区的小额贷款公司发展速度较快，而西部地区的小额贷款公司发展相对落后，特别是西藏和青海等地，才刚刚开始小额贷款公司的建设工作。从小额贷款公司发展的总体来

表 2 – 3　　　　　　　　2010—2015 年中国小额贷款公司经营情况

年份	小额贷款公司机构数量 （家）	小额贷款公司从业人员数 （人）	实收资本 （亿元）	贷款余额 （亿元）
2010	2614	27884	1780.93	1975.08
2011	4282	47088	3318.66	3914.74
2012	6080	70343	5146.97	5921.38
2013	7839	95136	7133.39	8191.27
2014	8791	109948	8283.06	9420.38
2015	8910	117344	8459.29	9411.51

看，全国各地基本是依据中国银监会和中国人民银行联合发布的《关于小额贷款公司试点的指导意见》来实施的，但落实到具体行动中，无论是管理办法还是制度设计都不同（见表 2 – 4）。

表 2 – 4　　　　　　　我国部分省份小额贷款公司制度设计比较

地区	注册资金下限 （万元）	股东最少人数	贷款集中度	业务范围
辽宁	5000	5	同一借款人的贷款余额不得超过公司资本净额的5%，对单一集团企业客户的授信余额不得超过资本净额的20%	不吸收公众存款，经营小额贷款业务
内蒙古	5000	6	同一借款人的贷款余额不得超过小额贷款公司资本净额的5%，经营产品主要针对"三农"和中小微企业，规定"三农"投资不得少于75%	（1）向农牧民、个体工商户和小微企业发放信用或担保贷款；（2）中间业务；（3）资产租赁业务；（4）信用担保业务；（5）经监督管理部门批准的其他业务，不能跨地区经营。不能非法集资、非法吸收公众存款、违规放贷

续表

地区	注册资金下限（万元）	股东最少人数	贷款集中度	业务范围
山东	7000	2	小额贷款的限定标准为200万元，70%的资金应发放给单户贷款余额不超过200万元的小额借款人，其中，单户在50万元以下的贷款不少于20%	以服务"三农"和小企业为宗旨，从事小额放贷；不能跨地区经营
河北	5000	7	同一借款人的贷款余额不得超过小额贷款公司资本净额的5%	不吸收公众存款，经营小额贷款业务，不得兼营其他业务
安徽	8000	6	同一借款人的贷款余额不得超过小额贷款公司资本净额的5%	企业贷款、个人贷款；信用担保业务
浙江	10000	5	小额贷款公司70%的资金应发放给贷款余额不超过50万元的小借款人，其余30%的资金的单户贷款余额不得超过资本金的5%，不能跨地区经营	小额贷款公司不得从事其他经营活动，不得对外投资
上海	20000	5	同一借款人的贷款余额不得超过小额贷款公司资本净额的5%，50%以上的借款人贷款余额不超过50万元	不能跨地区经营；不能非法集资、非法吸收公众存款、违规放贷
广东	20000	5	同一借款人的贷款余额不得超过小额贷款公司资本净额的5%	不吸收公众存款，经营小额贷款业务

资料来源：根据各地区相关政策整理。

小额贷款公司虽然在合理引导民间资本、规范民间借贷方面起了积极作用，但在实际经营过程中还面临着很多困难。

3. 小额贷款公司实际经营中存在的问题

虽说民营资本对创办小额贷款公司的积极性很高，并且小额贷款公司的发展对金融市场的完善和中小企业发展已经起到了一定的促进作用，但是，从目前小额贷款公司的发展现状来看，小额贷款公司的进一步发展和实际经营中仍然面临着多方面的制约因素和难题。这些制约因素和问题将直接影响到小额贷款公司能否依靠自身业务实现盈利并持续经营，主要制约因素及问题表现在以下五个方面：

（1）融资杠杆率低，资金来源严重不足。小额贷款公司的贷款资金主要来源有限，按规定不能像商业银行那样吸收公众存款。由于小额贷款公司受到"只贷不存"规定的限制，资金来源只能是自有资金、捐赠资金以及银行融入资金。面对严格的规定限制，如何筹集和补充后续发展资金，一直是小额贷款公司需要面临和解决的问题。根据现行政策规定，小额贷款公司目前主要通过两种后续资金的融资渠道：

一是向商业银行借款，但受到融资杠杆率的限制。根据《关于小额贷款公司试点的指导意见》规定，小额贷款公司可以向不超过两家银行融入不超过资本金50%的资金，用于发放贷款。也就是说，在小额贷款公司受到不能吸收存款限制的情况下，一家注册资本金为1亿元的小额贷款公司，其银行可借资金最高额度只有5000万元，小额贷款公司的融资杠杆上限不能超过50%。小额贷款公司0.5倍的融资杠杆上限与担保公司的10倍融资杠杆上限、银行业平均12.4倍的融资杠杆上限相差太远。由于资金融通渠道不畅通，实际调查发现，一些小额贷款公司的资本金全部放完，甚至连利息收益、银行再融资的额度也都几乎用尽。浙江首家小额贷款公司海宁宏达仅仅开业十天便已放贷5000万元；温州首家小额贷款公司——苍南联信小额贷款股份有限公司，在不到一个月的时间里，便已放贷1亿多元，超过注册资本上限的一半以上。在实际经营当中，很多小额贷款公司都遭遇了"无钱可贷"的局面。这样的融资环境使主要靠高成本资本金运营的小额贷款公司承担着巨大的风险，难以形成持续的、稳定的资金流和商业盈利模式。即使以银行借款方式融资，许多小额贷款公司也很难达到商业银行要求的信贷准入和发放条件，即使能得到贷款，也比同业拆借市场利率高得多。基于此，多数小额贷款公司盈利水平普遍较低，有些小额贷款公司甚至难以摆脱长期亏损的局面。

二是通过向股东定向增资扩股的方式进行融资，但受股东资金实力及小额贷款公司盈利前景的影响。若小额贷款公司没有提前规划预算，通过该方式增资会进一步增大股东的投资风险。因此，在实际操作过程中，通过向股东定向增资扩股的融资方式难度较大，成功案例并不多见。小额贷款公司的法人股东大多数是经营实体经济的民营企业，一般情况下会对小额贷款公司的注资要求持谨慎态度，一定是在审视自身经营情况的前提下才决定是否或能否向小额贷款公司进一步注资。同时，《关于小额贷款公司试点的指导意见》规定，单一自然人、企业法人、其他社会组织及其关联方持有的股份，不得超过小额贷款公司注册资本总额的10%。厦门市金融办出台的政策是："原则上股东数不超过十个，单个自然人、企业法人、其他经济组织及其关联方持股比例原则上不得超过小额贷款公司注册资本的30%。"持股比例上限的规定，意味着单一或少量股东能获得的公司控制权有限，从而就降低了股东对小额贷款公司的投资积极性。虽然小额贷款公司也在积极寻找新的融资渠道，比如，同地区的小额贷款公司进行联保贷款、提高其在银行的信用水平，或是小额贷款公司间进行资金拆借等，但这些都不是解决小额贷款公司融资难的长期有效的途径，融资难问题还将在相当长的时期内困扰小额贷款公司。

（2）专业人才引进成本高，遭遇人才"瓶颈"。小额贷款公司普遍缺乏专业精英人才，采用较为粗放的经营管理方式，对专业人才的吸引力较低，引进有经验的行业人才难度大。造成小额贷款公司人才"瓶颈"的原因主要在于：

一是小额贷款公司用人成本偏高，小额贷款公司的专业人才培养周期较长。以对应届毕业生的培养为例，要将一个基本没有业务能力的应届毕业生，培养成为有独立判断业务风险能力的客户经理，可能需要几年甚至更长的时间，所花费的时间成本和培养成本较高。所以，大多数小额贷款公司在组建自身的经营团队时，通常会选择从国有银行、股份制商业银行的信贷经理，或大中企业的财务管理人员中聘用。然而，小额贷款公司的办公地点和环境与上述专业人员的工作地点和环境相去甚远，所以，通常需要较高的薪资补偿，才能获得相应专业人员的青睐，因此聘用专业人员的薪资要求非常高。

二是小额贷款公司选择的人才范围相对有限。小额贷款公司的主要特点在于"只贷不存"，不需要柜面人员，因此，作为人才市场中的主力军的大量应届毕业生并不能成为潜在员工。小额贷款公司对从业人员的业务能力、职业素养要求较高，从业者必须拥有信贷业务经验，具有极强的自律能力和职业素养。小额贷款公司特有的经营机制和管理模式，对员工的敬业程度和工作勤奋程度有着比国有金融机构更加迫切的要求，同时需要员工具有创新和开拓精神。同时，小额贷款公司灵活经营的特点，加之民间资本的大量介入，也对从业人员的自律能力和职业素养提出了很高要求。这些因素都对小额贷款公司吸纳优秀人才造成了一定程度的难度。

（3）受资金和管理局限，无法实现规模效益。金融行业是对资金和技术都有较高要求的行业，因此，实现规模经营具有明显的比较优势，资产经营规模越大，单位成本越低。然而，小额贷款公司目前的经营模式主要依靠人缘和地缘的优势作为纽带，经营活动的效率只能在特定的较小范围内才能得到发挥，这就导致了其在经营规模和范围上的劣势。小额贷款公司设立的初衷在于针对特定对象进行借贷活动，因此，通常在经营过程中会形成相对固定的客户，从而导致市场被高度割裂。小额贷款公司经营过程中赖以生存的人缘、地缘信息优势与其业务活动范围的扩大存在一定的矛盾，为了追求扩大业务活动范围，其人缘、地缘关系优势势必会在一定程度上有所削弱。这就要求小额贷款公司具有更加规范的运作机制和管理手段，需要有更多高素质的管理者和一线员工，同时还需要有充足的资金来支撑，而这也会给小额贷款公司带来更高的成本投入压力。

（4）监管政策尚不成熟，存在监管真空现象。根据银监会下发的《关于小额贷款公司试点的指导意见》，小额贷款公司受省金融办或相关机构监管，意味着小额贷款公司被排除在正规金融监管体系之外，与金融监管部门相比，这些省级部门并不具备监管优势。且在具体到地市一级时，监管职能经常分散在银监局、金融办、工商局等多部门，从而出现"多头监管"的情况。这种"多头监管"局面很难对小额贷款公司形成有力约束，容易为其运作中的违规经营留下空间，形成监管真空，从而加大小额贷款公司的经营风险，危及社会金融稳定。

小额贷款公司作为金融企业，应当按照市场化原则，与正规金融机构公平竞争，通过业务创新，走适合自身的发展之路。当前，在监管政策方面存在的具体问题包括：

一是资金来源限制过死。《关于小额贷款公司试点的指导意见》规定，小额贷款公司的主要资金来源为股东缴纳的资本金、捐赠资金，以及来自不超过两个银行业金融机构的融入资金，但融入资金的余额不得超过资本净额的50%。小额贷款公司通过股东增资也很困难，即使增资也无法满足公司贷款业务扩张的需求，使经营难以持续。

二是利率管制过多，缺乏自由定价权。小额贷款公司利率为同期人民银行公布的贷款利率的0.94倍的规定，违背了市场化原则，限制了小额贷款公司的发展。小额贷款公司的产品定价应该能够覆盖风险，获取利润，而不应当由政府来制定上限，干预市场，甚至"促使"部分小额贷款公司从事账外经营，以逃避监管。从当前小额贷款公司的交易成本、业务收入渠道的单一性及承受的经营风险来看，现行贷款利率水平对部分小额贷款公司而言，很难满足弥补日常经营成本及必要利润的需要。应当推进市场利率化改革，放宽各类小额信贷机构贷款业务的利率上限。

三是适用税率过高。由于小额贷款公司的定位问题，虽然行金融之实，却在税率问题上和普通工商企业一致，必须缴25%的所得税和5.56%的营业税及附加，以及从"股息、红利所得"中上缴的20%的所得税，并没有统一针对小额贷款公司的税收优惠政策。对于税收政策的制定，大多数学者认为，小额贷款公司为准金融机构，其税收待遇应当和正规金融机构一样，享受国家的税收优惠，减轻其税收负担，进而促使其可持续发展。

四是市场退出机制尚未建立。设计合理的市场退出机制，促进优胜劣汰，是非常必要的，但当前监管重点多放在市场准入方面，对于市场退出则没有足够的重视。《关于小额贷款公司试点的指导意见》

仅规定，小额贷款公司被依法宣告破产后，依照《公司法》有关企业破产的法律实施破产清算。建议建立一套风险预警指标体系，当小额贷款公司的业务指标触及风险警戒线时，应当合理安排退出机制，防止发生风险蔓延。

（5）处于民间借贷和正规金融机构的边缘地带，社会认可度低。小额贷款公司作为新型农村金融机构的一种，担负着"社区金融""草根金融"的角色，因此，民众的看法及其在社会上的口碑，必然影响其业务经营和未来发展。从调查情况来看，近几年蜂拥而起的小额贷款公司在发展中出现了明显的两极分化现象，有些小额贷款公司经营状况良好，连续盈利；有的连年亏损，勉强维持；也有些小额贷款公司甚至因为长期亏损而被迫出让股权。这些小额贷款公司没有完全转化为正规金融机构，在经营方面，民营小额贷款公司与国有小额贷款公司也一直存在较大差距，目前一些地方政府过于强调小额贷款公司的扶贫性质而忽视其商业性，制定的相关政策在一定程度上干预了小额贷款公司的市场决策。与此同时，小额贷款公司的风险控制制度也有待完善。

综上所述，小额贷款公司一方面需要在民间借贷和金融机构的夹缝中生存，竞争压力比较大；另一方面又让不少民众对其产生负面认知，很多人对其持"敬而远之"的态度，这些社会因素对小额贷款公司的未来发展可能产生不良影响。

（三）财务公司

1. 财务公司的发展现状

根据中国银行业监督管理委员会颁布的《企业集团财务公司管理办法》（2004 年 7 月 27 日发布，2006 年 12 月 28 日修订），财务公司是指以加强企业集团资金集中管理和提高企业集团资金使用效率为目的，为企业集团成员单位提供财务管理服务的非银行金融机构。1987年，中国人民银行正式批准设立了企业集团财务公司。从此，我国的大型企业集团开始运用自己的金融机构融通企业内部资金，提高企业的资金使用效率和效益。

从对财务公司的界定来看，财务公司具有特定的服务对象，造成不能吸收公众存款，只能利用自有资金和成员单位存款作为资金来源的情形，因此，除少数特殊业务以外，财务公司的服务对象主要是企业集团以及其他内部成员单位。在经营过程中，财务公司主要从事企业集团资金集中管理、内部结算、投融资等业务，不但可以为成员单位提供吸存放贷、资金结算等基本的金融服务，同时也进行债券承销、融资租赁、对外投资等复杂的金融业务。与商业银行的分业经营模式相比，财务公司作为非银行金融机构，混业经营这一特点表现得十分突出。

图 2 – 18 展示了 2008—2015 年我国财务公司机构数量和从业人员数量变动趋势。从中可以看出，截至 2015 年年末，我国财务公司已经超过 200 家，从业人员超过 1 万人，均相比于 2008 年增长了 1 倍，财务公司在规模上发展迅速。

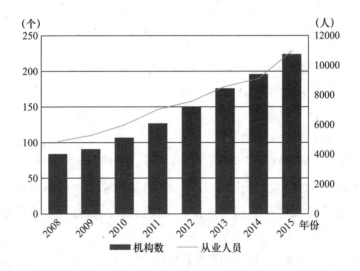

图 2 – 18　2008—2015 年财务公司机构数和从业人员数量

近年来，在"金融脱媒"的背景下，委托贷款业务的发展推动了财务公司表外业务的扩张，财务公司呈现出资产负债表外化趋势。图 2 – 19 展示了 2011 年以来财务公司表内外资产及表外资产规模变动。从中可以看出，近五年来财务公司表外资产不断扩张，在财务公司资产规模中占有越来越大的比重。财务公司具有影子银行的基本特征，然而由于具有母公司承担"最后贷款人"的角色，目前，财务公司整体风险可控。

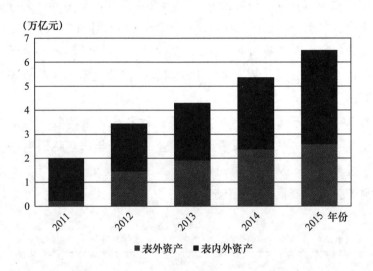

图 2 – 19　2011—2015 年财务公司表外资产占比

资料来源：Wind 数据库、银监会历年年报。

2. 财务公司经营中存在的问题

伴随着中国经济飞速发展的大潮，企业集团财务公司也取得了长足的发展，并逐渐成为我国非银行金融机构体系中一支不可忽视的力量。不过，由于我国的财务公司起步较晚，在经营过程中仍然存在一定问题。

（1）融资渠道过分依赖成员单位存款和自有资金。目前，我国企业集团财务公司的融资渠道仍然比较狭窄，虽然法律允许财务公司发行商业票据和债券进行融资，但是，由于资本市场建设尚不健全以及信用评级制度亟待完善等原因，鲜有国内财务公司通过这些方式进行融资。首先，我国债券信用评级的法律法规不健全，针对债券信用评级，人民银行、银监会、保监会、国家发改委等多个监管部门均出台了相应的文件，从而造成管理规定过于零散，缺乏系统、规范的监管体系。其次，虽然国内信用评级机构数量较多，但与发达国家相比，权威性较差，债券评级机构的独立性难以保证，也影响了信用评级的可信度。此外，信用评级在我国尚属较新的行业，评级技术和专业人才队伍尚未成熟，因此制约了我国集团财务公司的发展。

（2）闲置资金的利用率低。我国企业集团财务公司目前仍以传统的贷款业务为主，因此，存贷利差成为财务公司的主要收入来源。同时，出于规避风险的考虑，财务公司较少参与资本市场的资金运作，对于资金较为充裕的财务公司而言，其闲置资金多以存放金融机构同业的形式赚取利息差价。因此，目前我国财务公司的资产管理与运作水平仍然处于比较低的水平，很多业务都集中在高成本、低收益的传统金融业务上，而对于低成本、高收益的中间业务，资金利用率很低，会造成资金的闲置浪费。

（3）业务创新潜藏经营风险。近年来，在"去杠杆"政策的背景下，以委托贷款为主的影子银行业务在中国金融体系中迅速扩张，受此影响，财务公司呈现出了资产负债表外化的趋势。2013 年以来，财务公司表外业务规模超过了表内贷款业务规模。为规避存贷比以及存款准备金监管要求，财务公司通过业务创新呈现出表外融资膨胀的现象，整个行业也逐渐以表外业务繁荣和"以委托贷款之名，行高利贷之实"的模式经营，其潜在的风险引起了中央银行和监管部门的担忧。

（四）融资租赁公司

1. 融资租赁公司的发展现状

融资租赁公司通过发行债券、融资租赁资产证券化、融资租赁保理、贷款等方式，以较高杠杆从金融市场或金融机构进行融资，并以融资资金代替客户购买租赁物，从中收取租金，偿还融资资金。在融资租赁过程中，融资租赁公司扮演着信用中介的角色，实现信用期限转换和流动性转换。

我国的融资租赁行业起步于 20 世纪 80 年代，第一家融资租赁公司——中国东方租赁有限公司由中国国际信托投资公司、北京机电设备公司和日本租赁公司共同出资创建。随后，由于政府的积极推进并提供担保,加上改革开放后全国上下有强劲的资本需求,融资租赁业迅速扩张,融资租赁公司数量与业务量不断增加。但是,在发展初期,由于缺乏相应的监管法规,加之行业扩张过于迅速,融资租赁业发展遗留下一些潜在的问题,具体表现为:职能定位不准确、注册资本低、资金来源短缺、公司制度不健全等。随着《关于从事融资租赁业务有关问题的通知》(商建发〔2004〕560号)《金融租赁公司管理办法》(中国银行业监督管理委员会令2014年第3号)等有针对性的法律、法规的出台,为融资租赁的发展提供了规范的制度环境,融资租赁经营环境也得到了极大改善。2007年以来,允许符合一定条件的商业银行和其他金融机构设立或参股金融租赁公司,从此,银行背景的融资租赁公司,现在称为"金融租赁"被作为一类融资租赁机构与其他类型的融资租赁公司分离出来。在几大商业银行的大力推动下,我国金融租赁业迅猛发展,租赁资产规模快速增长,资产质量得到改善。图2-20为2006—2015年融资租赁业企业数量以及期末合同余额变化情况,从中可以看出,2010年以来融资租赁业发展迅速,5年时间融资租赁合同额增长了近5倍,企业数量增长近10倍。

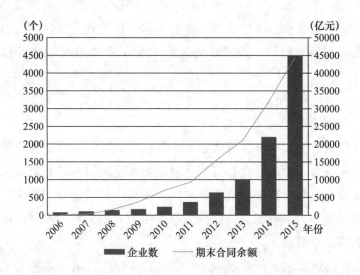

图2-20　2006—2015年融资租赁业企业数量及期末合同余额

资料来源:Wind数据库。

对于中小企业而言，由于其资信问题，难以从银行获得贷款，或虽能获得银行授信，但其数额难以满足生产发展的需要。由于融资租赁企业具有风险共担、利益共享的经营原则，对承租企业资信和抵押担保品的要求低于传统银行信贷，承租企业较易从融资租赁公司获得融资。此外，融资租赁的资金无须一次缴清，其可以根据在设备使用期内分摊的特性，帮助企业实现现金流的流动性。从而融资租赁行业的发展有利于中小企业更新技术装备、进行技术创新，对于中小企业的健康发展有着重要意义。

2. 融资租赁公司经营中存在的问题

融资租赁行业在我国属于比较新兴的产业，发展空间巨大。近年来，也获得飞速发展，但融资租赁公司在经营中存在的问题不容忽视，重视融资租赁行业发展壮大过程中所蕴含的风险，有利于融资租赁业的健康发展，从而促进我国中小企业的发展，带动我国经济的稳定增长。

（1）融资租赁公司资金来源匮乏。融资渠道狭窄、资金来源匮乏是融资租赁企业发展当前面临的突出难题，融资租赁公司的资金来源大多依赖银行贷款和自有资金。除此以外，仅能依靠少量的信托和委托存款。虽然近几年我国融资租赁企业也开发出一些新的融资途径，但受政府监管的限制，其融资规模仍无法满足融资租赁行业快速扩张的需要。

对于融资租赁公司而言，股东注入的资本金是融资租赁公司的主要资金来源，但由于该类资金的规模有限，一般难以满足融资租赁公司快速扩张的需求。除此以外，银行贷款是融资租赁公司的主要资金来源。虽然银行贷款的成本较高，又要面临严格苛刻的信贷审批、较长的筹资周期，且难以获得满足自身融资需求的授信额度，但受限于狭窄的融资渠道，融资租赁公司仍然不得不依赖银行信贷，在很大程度上降低了自身的盈利能力。与此同时，银行授信期限较短，难以符合融资租赁公司业务长期经营的需求，这种期限错配现象的存在，也加大了融资租赁公司的经营风险。虽然融资租赁公司可以通过上市融资来获得大量自有资金，以满足自身发展需求，但目前我国资本市场尚处于发展阶段，通过上市融资对于融资租赁企业的规模、盈利等方面的要求较高，同时，由于上市周期较长、融资成本不低，从而上市融资对于融资租赁公司而言难度较大。

（2）缺乏优惠政策支持。中国并没有专门针对融资租赁制定相关的税收、信贷、外汇优惠政策，导致我国融资租赁业务的开展受到了严重的制约。具体表现为：在税收方面，租赁享受的税收优惠幅度及额度还很小，仅有很小的减免税，在投资税收抵免、租金支出税前扣除以及呆账、坏账税收等方面鲜有税收优惠，与发达国家相去甚远；在信贷政策方面，国家既没有制定向租赁业倾斜的政策，也没有建立相应的租赁信用保险体制，业务过程中的信用风险大多由租赁企业自身承担。从承租企业方面来看，通过融资租赁方式新增设备所得的实质性优惠不大，从而缺乏开展业务的积极性，也影响了融资租赁企业的业务拓展和行业发展。

（3）融资租赁行业信用风险较高。由于融资租赁行业相关法律法规建设尚处于完善阶段，行业内信用环境较差。据不完全统计，我国租赁企业平均被拖欠金额占其资产总额的比例达到30%，由于租金不能及时收回，导致部分租赁公司资不抵债而破产，融资租赁行业不得不在高信用风险的状态下经营。虽然我国经济结构的调整对融资租赁行业有着巨大的市场需求，为其提供了广阔的发展空间，但是，法律法规的滞后、信用环境较差已成为我国融资租赁业健康发展的严重障碍。

第四节　中国影子银行的成因

一　资金需求方的融资动机

随着我国经济持续高速增长，实体经济对资金的需求日益旺盛，具体体现为地方融资平台、中小微企业以及房地产企业等融资需求。

首先，从地方融资平台和大型国有企业层面来看，在宏观经济下行时，政府会通过财政支持或银行信贷方式向地方政府和大型国有企业提供资金。2008 年，受国际金融危机的影响，我国采取货币和财政双重刺激的政策，政府"四万亿"资金投向地方政府基础建设和大型国有企业，以拉动地方经济发展。然而，随着宏观政策于 2010 年以后逐渐趋紧，地方融资平台和大型国有企业陆续面临还款和再融资压力，亟待寻找有效渠道来缓解资金周转压力。同时，面临"四万亿"投资项目留下的融资缺口，商业银行为防止地方融资平台和国有企业不良贷款率上升，即使信贷规模收紧，也无法完全断绝向该类企业提供信贷支持。因此，地方融资平台和大型国有企业有较强的融资需求，商业银行也有动机进行金融创新以满足该类企业的资金需求。

其次，从中小微企业层面来看，中小微企业已经逐渐成为我国经济的重要组成部分，在经济转型过程中发挥重要作用。为此，近年来，政府也出台多项政策和优惠措施以鼓励金融行业对中小微企业发展进行扶持。然而，中小微企业经营过程中存在信息透明度较差、缺乏优质抵押品、还款来源无保障、信贷成本和坏账率较高等多种问题，难以获得商业银行传统贷款业务的青睐。同时，我国多层次资本市场体系尚处于建设阶段，缺乏多样性的外部融资渠道，中小微企业融资途径仍以间接融资为主，面对商业银行的"惜贷"困境，中小微企业亟待找到创新途径以解决自身融资难题。

最后，从资本密集型的房地产业来看，具有受宏观调控影响显著的特点。受 2008 年国际金融危机影响，为保障经济持续发展，政府在 2009 年以前出台多项房地产业刺激政策，与此同时，由于实体经济的持续低迷，大量资金流入房地产市场。大量资金的流入导致了我国房产价格的快速上涨，为维持房产价格稳定，自 2010 年起政府对房地产业实施新一轮宏观调控政策，受此影响，2011 年与 2012 年房地产业贷款增量显著下降（见图 2 - 21）。面临银行贷款收紧带来的融资压力，房地产业试图通过其他方式获取资金以满足企业发展的融资需求，从而带动了影子银行业务的迅速发展。

图 2 - 22 展示了 2002—2015 年以来社会融资规模变化情况。对近年来资金供求双方情况进行综合考虑，以比较近年来融资缺口情况。从图 2 - 22 中可以看出，2010—2014 年，新增本外币贷款增幅缓

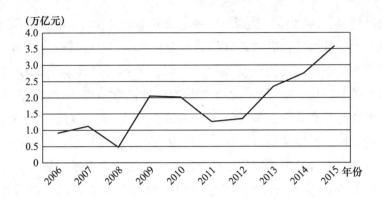

图 2 – 21 2006—2015 年房地产业贷款增量

资料来源：Wind 数据库。

慢，资本市场的标准化产品（包括企业的股票融资和债券融资）提供
融资量占比和增幅均较少。在这期间，从本外币贷款和资本市场的标
准化产品处获得的融资金额在 10 万亿—14 万亿元，而社会融资规模
对资金的需求情况在 12 万亿—17 万亿元，从中可以看出在资金供求
双方存在明显的融资缺口。

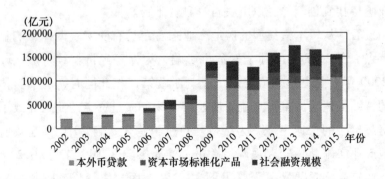

图 2 – 22 2002—2015 年社会融资规模①

资料来源：Wind 数据库。

---

① 其中，资本市场标准化产品包括企业债券融资和非金融企业境内股票融资。

因此，融资缺口的存在催生了影子银行业务的出现，而影子银行业务的出现也在一定程度上弥补了资金需求与供给端的不平衡现象。

二　资金供给方的收益动机

影子银行业务的资金供给方主要是消费者和投资者，同时也包括企业与金融机构。30多年来，我国经济持续、高速增长，我国居民人均可支配收入也得到了显著提高，居民投资需求不断上升。与股票、外汇等风险较高的投资方式相比，银行理财产品具有收益高、包含各种显性或隐性形式的担保、风险相对可控等特点，吸引了较多资金的流入。为满足居民日益丰富的投资需求，商业银行通过影子银行业务将货币市场、信贷市场与债券市场等结合起来，既为投资者提供多样化选择，也在一定程度上推动了金融市场的发展，影子银行业务也得以迅速发展。

三　银行的监管套利动机

商业银行是影子银行体系中最主要的融资中介，由于监管制度不完善，商业银行在追逐监管套利或规避监管而进行的业务创新过程中，促进了影子银行业务体系的迅速发展。

一方面，我国金融体系的分业监管模式为影子银行业务提供套利空间。由于我国目前实施的分业监管模式，造成不同监管部门对相同功能的金融业务监管要求和方法存在差异，从而给商业银行提供监管套利机会，进而催生影子银行业务创新发展。近年来，银监会为防控商业银行业务创新风险，要求商业银行银信合作理财业务"入表"以及同业代付计入风险资产。与此同时，证监会和保监会为推动金融创新，放松对被监管机构资产管理业务的监管条件，从而造成不同类别的金融机构理财产品业务监管标准难以统一。因此，商业银行为规避银监会监管，有很强的动机加强与证券、保险、信托、期货等非银行金融机构的合作。

另一方面，商业银行表内和表外业务监管标准不同，为影子银行业务提供了套利空间。中国银行业监管委员会为了加强对商业银行表外业务风险监管，在《商业银行资本管理办法（试行）》中明确规定了银行表外业务的信用转换系数，但是，各表外业务的转换系数大多凭借经验制定，难以避免存在监管套利的可能性。从而商业银行利用业务创新将表内信贷资产转移至表外，开展多项"类贷款"业务，使其所受到的适度资本要求、拨备计提等监管约束远低于传统贷款资产，这是影子银行业务快速发展的重要原因。

此外，2015 年以前，我国利率市场化尚未完全实现、商业银行存贷比约束尚未取消，面临监管和揽储压力，商业银行难以通过贷款规模的继续扩张来保持自身利润的增长。与此同时，为了满足最低资本充足率的要求、降低不良贷款率，商业银行需要增加资本金规模并降低风险资产占比。对此，张明（2013）指出，商业银行"出表"的贷款可以规避银监会与中央银行信贷额度的控制，而"出表"的贷款是通过表外非保本理财和银信合作等影子银行业务的方式来实现的。从图 2 - 23 中可以看出，2011 年以后，非保本理财产品的发行数量和所占比重均有明显增加。

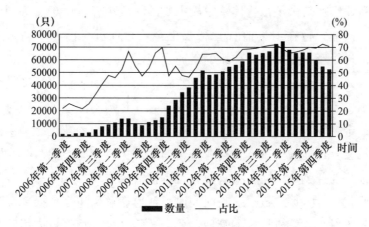

图 2 - 23　2006—2015 年非保本理财产品发行数量和占比

资料来源：Wind 数据库。

除表外理财和银信合作以外，银行同业业务因其不占用银行贷款额度、无须缴纳存款准备金，也不影响银行存贷比指标等特点，是商业银行规避金融监管和行政管制的理想方式，从而同业业务也逐渐成为我国商业银行参与影子银行业务的重要方式之一，近年来其规模也得到了不断扩大。

第五节　中国影子银行的风险

一　风险种类

2007 年美国次贷危机引发了国外学者对影子银行风险的深入研究，Iori 等（2006）、Gennaioli 等（2012）指出，为隐性地降低银行资本充足率要求、实现监管套利，商业银行从事影子银行业务来分散风险，这将使风险评估当中的尾部风险急剧增加。Gennaioli 等（2013）进一步提出，在通过影子银行业务规避监管的情况下，银行和金融中介机构对金融衍生产品的非系统风险提供担保将使整个金融体系的风险进一步扩大。

近年来，随着我国影子银行业务的不断创新和发展，国内学者对我国影子银行的风险研究逐渐深入。与影子银行业务和机构相比，影子银行在我国具有本土化特征，不具有高杠杆和复杂金融产品创新的属性，但仍有明显的期限转换、流动性转换以及信用风险转移的特点。根据其特点，影子银行业务风险主要体现为期限错配的流动性风险和信用风险，又由于商业银行在金融体系中的重要地位以及影子银行业务的高传染性，影子银行业务风险也有引发系统性风险的可能性。

（一）期限错配的流动性风险

由前文对影子银行成因的分析可知，作为我国影子银行重要组成部分的商业银行为实现规避监管的目的，是我国影子银行产生与发展的重要原因。商业银行为转移基础资产的风险、规避监管，以发放的长期贷款构成我国影子银行的基础资产，从而影子银行资产具有期限较长、风险偏高、虚拟性强等特点。与之对相应的影子银行负债则主要是从短期资本市场获得融资，期限较短。因而我国影子银行业务具有明显的期限转换功能，这种以长期资产为主的资产结构，易受市场不稳定因素的影响，一旦市场出现不稳定因素，由于影子银行资产较难变现，这种期限错配的特征将会引发流动性风险。

（二）信用风险

信用风险，即违约风险，广泛分布在各种经济金融活动中。信用风险的基本含义是指交易一方不履行或不完全履行合同义务而给债权人带来的经济损失的风险。目前，我国影子银行业务的信用风险转移方式主要有信贷资产转让、融资担保以及非正式的资产证券化。由于影子银行业务中多数信用风险转移并不完善，信用风险并没有在信用风险转换、信用增级的过程中被消除，新的风险可能会从中产生，因而仍然存在违约风险的可能性。考虑到我国影子银行发行产品的收益率普遍较高的特征，在尚不完善的信用风险转移过程中，一旦交易各方中有一方出现经营问题，难以兑付产品的收益，影子银行产品的高回报率将成为信用违约事件的诱因，从而引发信用风险。

（三）监管套利风险

由于不同监管机构之间的监管规则存在差异，为影子银行提供了监管套利空间。不同的监管主体制定的监管规则之间存在诸多不同甚至相互抵触的地方，影子银行出于利益驱动，会选择监管规则相对宽松的市场环境进行自身经营活动，从而获得更大的收益。影子银行监管套利的出现，其根本原因在于不同市场监管规则的不同，只要不同金融市场监管规则的差异不消除，影子银行的套利行为就不会消失。由于金融市场上信息不对称的大量存在，加之金融监管规则的不同，使得影子银行的套利行为不会停止。一般而言，影子银行通过跨地域套利、评级体系套利和监管差异等方式开展套利行为。

信息不对称是造成影子银行套利行为背后不可忽视的重要因素。信息不对称在金融市场上大量存在，如市场主体与监管主体之间、债务人与债权人之间。这种信息不对称导致套利行为屡禁不止、愈演愈烈，几乎成为金融监管的灰色地带。数量众多的影子银行正是利用这些监管的盲点区域开展业务，获取大量收益。治理监管盲点程序复杂、难点多、成本高、时间长。影子银行的套利行为无处不在、无时不有。在具体的金融市场体系中表现为各种创新的金融衍生工具的大量萌生、资产证券化产品的大量增加、数学模型类产品的迅猛推广发展。所有这些都在不断地考验着政府的监管能力，实际上削弱了政府金融调控与金融监管的效果，加大了金融脆弱性。

（四）系统性风险

中国影子银行的业务有金融理财产品、各种市场合作类金融衍生产品，其金融风险的发生具有传染性特征。影子银行业务的发展使商业银行的贷款规模得到了扩大，为企业提供了新的融资渠道，但企业的融资成本和还款压力并未因影子银行业务的发展而下降。再加上影子银行业务主要是在商业银行业务的基础上衍生而来的，商业银行对发行的产品具有刚性兑付的隐性担保，一旦发生违约事件，影子银行业务的期限错配的流动性风险和信用风险将会引发银行业流动性不足、客户挤兑等现象，进而影响银行的经营绩效和偿付能力，并通过商业银行传染至其他金融机构，这种不良影响还会通过金融市场传导被扩散和放大，直至引发金融市场的系统性风险。

二　风险成因

近年来，中国的影子银行成几何级数发展，现在已经成为中国金融体系的生力军，呈现出一派繁荣景象。然而，极度膨胀的中国影子银行在深化资本市场和银行市场之间的联系、提高信用媒介效率、增加信用可得性、降低信用成本的同时，也放大了金融体系的杠杆效应，加剧了金融体系的脆弱性。基于各种复杂、不透明、缺乏流动性的信用衍生产品和次级贷款的证券化产品交错相连，使整个金融体系构成了复杂的网状结构。金融机构的风险管理手段虽然实现了个体层面上的风险对冲，但复杂的交易关系却增大了对手方风险，风险并没有从系统中消失，对整体而言，意味着更大的系统性风险。中国影子银行风险产生的主要原因有以下几点。

（一）大量不良资产通过证券化活动进入金融体系

由于中国影子银行的高效运行，任何贷款的发放经过各专业性机构的协同作用后都可以转化为无风险资产，从而获得资金批发市场的资金支持。虽然在从发起贷款到批发资金的信用传递过程中，每个微观主体都在对冲自身风险，但是，微观审慎的总和并不代表宏观审慎。就整个系统而言，由还款人质量较低所致的次级贷款违约风险始终存在，并且还在证券化的过程中增加了风险影响因素。长期积累的大量不良贷款转化为资产支持证券进入金融体系，并通过金融机构彼此之间的交易活动而分散到金融体系的每个角落。中国影子银行处于一种潜在的整体性危机之下，单个影子银行并没有意识到整个体系所面临的系统性风险。

（二）过度证券化活动导致金融体系杠杆率升高

中国影子银行通过资产证券化活动的目的是将银行所面临的风险转移给能够更好地吸收和承担风险的投资者，从而减少银行的风险集中度。但是，在证券化发展过程中，证券化的初始目的逐渐被扭曲，不再是风险分散手段，反而成了谋利的途径。中国影子银行通过资产证券化和证券自营交易来获取短期高额利润，而且金融市场波动愈加频繁，证券交易的利润愈加丰厚。

证券化为银行开辟了一条新的融资渠道，如养老金、共同基金等通过购买证券化份额就可以实现对银行的融资。当银行通过证券化形式从体系外吸收越多的资金时，其信用提供规模就越大，整个金融体系的杠杆率就越高。所以，过度的证券化客观上促使了风险集中。银行和其他金融机构为了追求短期利益，实现资本的最大效率使用，不断地增加负债，提高杠杆，通过使用借入资金来购买彼此发行的证券。最终的结果是原本分散出去的风险最后又经复杂的交易关系回到体系内，风险仍然集中在整个银行体系内。

（三）期限错配严重

期限错配问题主要表现为金融中介机构的资产负债产品期限结构不合理，是金融中介机构经营中经常会遇到的问题。传统商业银行的借短贷长就是典型的期限错配现象。与传统银行体系相比，中国影子银行主体的期限结构不合理问题更加严重，影子银行主体业务中隐藏着诸多的流动性风险，由于金融风险具有脆弱性，因此，在监管时绝对不可忽视影子银行期限错配的传染效应。当前，中国影子银行借短贷长现象越发严重。信用媒介借短贷长的经营模式一直以来都是导致金融脆弱性的主要原因。影子银行中的对冲基金也严重依赖短期负债来进行高杠杆运作。

从金融市场获得的反馈信息显示，当前中国影子银行的期限错配问题已经相当严重。众多的影子银行为了获得高收益，往往倾向于将短期金融市场获得的融通资金用于长期的投资项目，例如，基础设施、道桥建设、房地产投资等长期融资的项目投资，从而加大了影子银行体系的期限错配风险。又由于中国影子银行处于金融监管体系之外，使其风险的发生对整个金融体系的负效应更加明显。

（四）影子银行体系内部具有较高的交叉传染性

影子银行体系内的风险具有高的传染性是影子银行引发系统性风险根本动因。当前，中国影子银行与传统商业银行之间的界限日益模糊，打开了金融风险相互传递的路径。传统商业银行的理财产品是影子银行体系的一部分。大多数商业银行通过设立特殊目的载体等表外机构，深度参与了资产证券化过程和结构性投资。商业银行从事影子银行业务的主要目的是监管套利，因而其通过发起设立 SPV 等机构将资产转移到表外，这一方面降低了长期信贷资产的流动性风险和违约风险。传统商业银行的理财产品是影子银行的表现形式之一，这些理财产品通过商业银行的表外业务融通资金，在一定程度上会成为商业银行的或有负债，如果这些理财产品出现信用违约风险，就会把表外风险表内化，从而成为加剧整体金融体系的系统性风险因素。另一方面为其资产业务规模的扩张提供了支持。这些金融活动并不体现在银行的资产负债表上，属于表外业务。但是，由于银行对其发起的表外投资机构存在商业银行"声誉风险""隐性担保"等因素，防火墙设置并不完善，所以，表外活动的风险没有真正消失。另外，由于影子银行的大量存在，增大了金融机构之间的关联度，从而加大了金融风险的传染程度。大量存在的典当行、小额贷款公司、担保公司等影子银行自身不能通过存款的方式筹集资金，除自筹外，大量的资金来源于传统商业银行的贷款业务。还有一种情况，就是部分大企业凭借自身信誉，获得银行贷款后将资金再通过其他方式（如银行委托贷款）投资于利息率高的领域以获得高额收益。而且传统商业银行在出售抵押贷款之后，又从其他通道购买了以该贷款为基础的金融衍生产品，风险又回到了商业银行体系之内，因此，原来通过资产证券化转移信贷资产风险的目的并没有达到。一旦出现危机，表外风险极有可能回到银行表内，从而将影子银行的风险传染给了商业银行。

影子银行是个庞大的金融体，影子银行与其他金融机构主体之间相互影响、相互制约。它们之间不但业务范围会有交叉融合，而且风险因素也密切相关。其中某一金融主体出现的风险不仅会在自身系统内传播，还会不断被传导扩散，波及其他主体，进而波及整体经济。遇到金融危机，金融体系中的一个影子银行出现的信用风险会传染给其他金融机构，带来连锁反应。同样，遇到经济繁荣时期，影子银行也会和其他金融机构共享收益。总之，由影子银行带来的系统性风险要远远高于单个金融机构风险的加总。

第六节　中国影子银行的规模测算

金融稳定理事会（FSB）发布的《2014 年全球影子银行监测报告》显示，截至 2013 年，中国影子银行资产规模约为 3 万亿美元，占 GDP 的 31.2%，但远低于"25 国和地区集团"（阿根廷、澳大利亚、巴西、加拿大、智利、中国、中国香港、印度尼西亚、印度、日本、韩国、墨西哥、俄罗斯、沙特阿拉伯、新加坡、瑞士、土耳其、英国、美国、南非 20 个国家和地区，加上德国、法国、意大利、荷兰和西班牙 5 个国家，共计 25 个国家和地区，称为"25 国和地区集团"。）的平均水平，其中，美国影子银行资产规模占 GDP 的 150%，与其他资本市场较发达的国家相比，中国影子银行资产规模较小，但增速有明显上升。

尽管国务院在 2014 年年初发布的"7 号文"首次定义了中国影子银行体系，但中国影子银行规模的统计口径并未得到明确界定。本书在"7 号文"的基础上，结合国内外专家学者的研究，从金融机构业务角度，将中国的影子银行分为内部影子银行和外部影子银行。内部影子银行，顾名思义，主要是指银行内部或与银行合作的机构涉及的金融产品与业务，包括银信合作、银行承兑未贴现票据和委托贷款；而外部影子银行，涉及的主体或机构较多，包括信托公司、小额贷款公司、融资担保公司、典当行等非银行金融机构与民间借贷。因此，通过分别测度内部影子银行规模和外部影子银行规模，就可以得到中国影子银行的规模。

一　内部影子银行规模

内部影子银行业务与商业银行密切相关，银信合作业务、银行承兑未贴现票据和委托贷款三项业务在内部影子银行中占据绝大多数份额。由于与此类业务相关联的主体信息披露机制相对完善、标准相对统一，其日常数据已逐步被监管部门纳入监测范围。其中，在中国人民银行网站统计数据的社会融资规模中可直接观察到委托贷款和银行承兑未贴现票据的数据。从图 2 - 24 中可以看出，银信合作自 2008 年以来开始逐步升温，近三年来发展迅猛，到 2015 年年末，规模接近 4.1 万亿元。到 2015 年年末，委托贷款规模超过 1.6 万亿元，较 2014 年有较大回落，银行承兑未贴现汇票规模在 2010 年达到 2.3 万亿元，在之后的四年连续下降，2014 年年末和 2015 年年末出现负值。

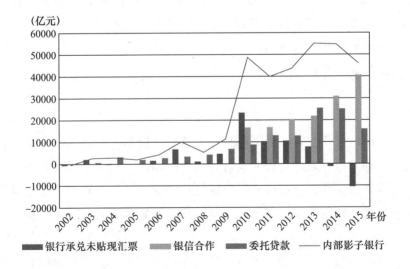

图 2 - 24　2002—2015 年中国内部影子银行规模变化

二　外部影子银行规模

对外部影子银行来说，其主体形式多样，有着较强的隐蔽性，很难对其规模的大小进行测度，尤其是在民间的金融规模，还是一个很大的空白。本书主要通过宏观资金流量分析法并利用计量模型来测算2006—2014年中国外部影子银行规模。

在进行分析过程中，未观测收入的总量能够对未观测经济活动规模进行反映。未观测收入在各个国民经济部门都有所体现：从政府方面来看，主要是通过中央财政向中央银行进行透支来获取收入，这种方式使社会的现金流通规模产生了变动；从企业部门来看，能够进行企业自身经营以外的项目来得到未观测收入；从居民部门来看，主要是通过进行不正规甚至不合法的生产活动来取得未观测收入。

不管以何种隐蔽的方式获取未观测收入，始终都会在国际收支平衡表中的投资、消费、净出口等项目中被追踪到。以支出法核算国民经济时，国内生产总值（GDP）由消费（Cum）、资本形成（Caf）、净出口（Nex）三部分组成。国民生产总值（GNP）是由 GDP 和国外初次分配收入净额（NFI）构成，再加上国外部门经常转移收入净额（NFT）就可以得出国民可支配收入（KNI），国民储蓄（NS）可以由国民可支配收入减去消费得到。基本的计算公式如下：

$$GDP = Cum + Caf + Nex \qquad\qquad (2-1)$$

$$GNP = GDP + NFI \qquad\qquad (2-2)$$

$$KNI = GNP + NFT \qquad\qquad (2-3)$$

$$NS = KNI - Cum \qquad\qquad (2-4)$$

无论是否监测到获得未观测收入的经济活动，金融系统中货币资金的变动都能够反映货币的运行。同一时期内，如果货币运行不等于货币性储蓄，那么，可以说明未观测经济规模（NOE）的存在，其中货币运行可以用流动的现金增加额以及存款的增加额之和来表示。

$$NOE = \Delta C + \Delta D - S_M \qquad\qquad (2-5)$$

其中，S_M 为货币性存储，ΔC 为存款增量，ΔD 为货币增量。理论上说，就等同于是投资，但是，在实际过程中，存在一定的货币性储蓄以及跨境资本转移，货币性储蓄应为国民储蓄（N_S）扣除资本形成之后加上资本转移净额（N_{CT}）。考虑到在开放经济体系中，本国的货币性储蓄可能外流，包括本国居民对外直接投资、证券投资等；外部货币性储蓄也可能流入国内，如外国直接投资、证券投资等。因此，货币性储蓄可以表示为：

$$S_M = NS - Caf + N_{CT} + N_{FS} = KNI - Cum - Caf + N_{CT} + N_{FS} \qquad (2-6)$$

其中，N_{FS} 为外部储蓄净额，即流入的外部储蓄与流出的国民储蓄间的净差额，在国际收支表中体现为金融账户的差额，是一个国家金融机构的信贷资金来源。

将式（2-6）代入式（2-5）整理后，未观测经济规模公式可表示为：

$$NOE = \Delta C + \Delta D - KNI + Cum + Caf - N_{CT} - N_{FS} \qquad (2-7)$$

表 2-5　　　　　2002—2015 年中国未观测经济规模统计　　　　单位：亿元

年份	存款与货币增量（$\Delta C + \Delta D$）	国民可支配收入（KNI）	消费（Cum）	资本形成（Caf）	资本转移净额（N_{CT}）	外部储蓄净额（N_{FS}）	未观测经济规模（NOE）
2002	28889.40	120839.72	74171.70	44310.90	-4.14	2676.82	23859.60
2003	39606.20	137163.15	76941.50	54850.90	-3.97	4545.82	29693.61
2004	35091.00	162184.94	89224.80	68156.00	-5.74	8957.28	21335.32
2005	48308.60	186530.79	101604.20	75954.00	336.02	7474.70	31525.28
2006	51305.50	219484.09	114894.90	87875.20	320.48	3610.05	30660.99
2007	57198.80	271452.26	136438.70	109624.60	235.65	6929.71	24644.48
2008	80716.81	321733.92	157756.30	135199.00	211.93	2574.88	49151.38
2009	135564.79	347209.01	173093.00	158301.10	269.09	13288.40	106192.39
2010	126879.03	409892.03	199508.40	192015.30	313.46	19105.84	89091.40
2011	97250.69	481159.19	241579.10	227593.40	351.76	16794.44	68117.50
2012	112097.75	533088.85	271718.60	248389.90	269.69	-2274.90	101122.61
2013	130206.76	582655.82	301008.40	274176.70	189.02	21245.65	101301.38
2014	96482.87	632510.02	512760.70	295022.30	-2.03	2350.97	84958.80
2015	221334.02	682075.65	359516.40	313070.30	19.48	5909.27	205916.32

在一定的时间内，未观测的贷款发生额和经济规模的联系非常密切，中小企业和个体商业户等小型经济主体进行的商业经营活动，一

方面主要是通过对外的融资来开展的，这样的融资能够对正规的经济进行支持；另一方面正规金融机构的融资主要是通过未观测经济活动来进行的。根据上述情况，本书假设：外部影子银行融资总量能够与未观测的经济活动的贷款数量进行抵消，因此外部影子银行的测算模型能够表示为：

$$Sbank_2 = NOE/GDP \times \Delta L \tag{2-8}$$

其中，ΔL 为可观测社会融资增加量，该数据可通过中国人民银行公布的社会融资规模数据中获得。由此计算出的外部影子银行规模如表 2-6 所示，2009 年和 2010 年的外部影子规模较大，这一点与 2009 年中央银行紧缩的货币政策和 2010 年政府实施房地产限购的环境相符，中小企业、房地产开发商等迫切的融资需求，为影子银行规模的增长提供了动力。

表 2-6　　　　2002—2015 年中国外部影子银行规模　　　单位：亿元、%

年份	未观测经济规模（NOE）	GDP	NOE/GDP	可观测社会融资增加量（ΔL）	外部影子银行融资增量（$Sbank_2$）
2002	23859.60	121002.00	0.1972	20112.00	3965.75
2003	29693.61	136564.60	0.2174	34113.00	7417.28
2004	21335.32	160714.40	0.1328	28629.00	3800.59
2005	31525.28	185895.80	0.1696	30008.00	5088.93
2006	30660.99	217656.60	0.1409	42696.00	6014.53
2007	24644.48	268019.00	0.0920	59663.00	5486.03
2008	49151.38	316751.70	0.1552	69802.00	10831.40
2009	106192.39	345629.90	0.3072	139104.00	42738.74
2010	89091.40	408903.00	0.2179	140191.00	30544.68
2011	68117.50	484123.50	0.1407	128286.00	18050.19
2012	101122.61	534123.00	0.1893	157631.00	29843.42
2013	101301.38	588018.80	0.1723	173168.00	29832.65
2014	84958.80	636462.70	0.1335	164133.00	21909.44
2015	205916.32	685505.70	0.3004	154068.00	46279.87

三 测算结果

金融稳定委员会（FSB）在《2014 年全球影子银行监测报告》中指出，截至 2013 年年末，中国影子银行资产规模约为 3 万亿美元，约合 18.6 亿元人民币。本书通过对 2002—2015 年中国影子银行内部和外部规模的测算，得到相应的整体规模如表 2 - 7 所示。

表 2 - 7　　　　　2002—2015 年中国影子银行规模测算　　　　单位：亿元

年份	银信合作	委托贷款	银行承兑未贴现汇票	外部影子银行规模	中国影子银行规模
2002		175	−695	3965.75	3445.75
2003		601	2010	7417.28	10028.28
2004		3118	−290	3800.59	6628.59
2005		1961	24	5088.93	7073.93
2006		2695	1500	6014.53	10209.53
2007		3371	6701	5486.03	15558.03
2008	8735	4262	1064	10831.40	24892.40
2009	17700	6780	4606	42738.74	71824.74
2010	16605	8748	23346	30544.68	79243.68
2011	16710	12962	10271	18050.19	57993.19
2012	20304	12838	10498	29843.42	73483.42
2013	21852	25465	7750	29832.65	84899.65
2014	30959	25069	−1286	21909.44	76651.44
2015	40671	15911	−4697	46279.87	98164.87

根据数据以及图 2 - 25 和表 2 - 7 的直观分析，中国影子银行的规模在 2002—2008 年期间整体呈现稳步上升趋势，并在 2009 年极速扩张，较 2008 年增长了近 1.9 倍，随后在 2011 年有所下降，但在近五年仍然整体呈现上涨趋势。虽然本书采用的统计口径范围较小，影子银行规模的测算结果小于权威机构的统计结果，但本书重点研究对

商业银行的影响，在与商业银行密切相关的影子银行业务的测算方面综合了国内相关研究的观点，对影子银行的规模进行测算，基本满足了国务院"107 号文"对于中国影子银行的界定，具有一定的合理性。

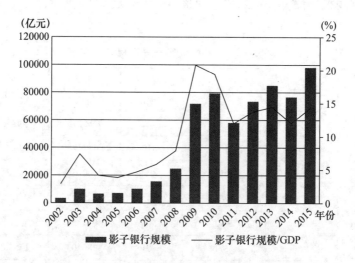

图 2－25　中国影子银行绝对与相对规模走势

第三章 利率市场化进程中影子银行的功能效应分析

第一节 中国影子银行的功能概述

白钦先（2005）将金融功能划分为基础功能、核心功能、扩展功能和衍生功能四个层次，影子银行机构涉及银行、信托、企业财务公司等非银行金融机构与网络平台，虽然产品、业务不尽相同，但整体来看，也具有四个层次的金融功能。

一 基础功能

资金融通功能是影子银行的基础功能，资金融通是指在经济运行过程中，资金供求双方运用各种金融工具调节资金盈余的活动，是所有金融交易活动的总称。通过资金融通功能中国影子银行为居民、企业、政府、金融机构等经济主体提供资金便利。以理财产品为代表的影子银行创新产品与业务为居民提供了多元化的投资选择，银行理财产品使居民手中的大额闲置资金有了多元化投资的机会，商业银行利用理财产品资金进行业务创新，从而支持中小微企业发展。由于影子银行产品、业务创新，中小微企业的融资门槛也得以降低，从而更易得到发展资金，同时，有了"过桥资金"短期贷款，中小微企业能够在不影响自身经营的情况下通过银行的审查。

二 核心功能

资源配置功能既是影子银行的核心功能，也是中国影子银行产生的重要原因。一个有效竞争的市场，是一国金融体系资源配置功能充分发挥的必要条件。影子银行的产生是由于资金无法通过正规金融匹配到能让它发挥最大作用的地方。在我国企业类型中，中小企业数量占企业总数的90%以上，而在企业贷款占比中，中小企业贷款数量仅占银行贷款份额的50%左右，绝大部分的银行贷款投向了大型企业。商业银行对中小企业的"惜贷"与对国有企业的"慷慨"造成了资金更多地流向了资金不是特别紧张的大型企业，而不是流向亟须发展的中小企业，这在一定程度上体现出我国金融资源配置的矛盾。一方面，能从银行取得贷款的大型企业一般为国有控股企业，这些企业融资渠道相对丰富，银行把资金贷给这些企业，即使企业无法如期还贷，也有政府后台的保障，所以，银行更愿意把资金投向这类企业。另一方面，经营新兴产业、靠技术创新带动企业经营的朝阳产业的企业，因为资质能力问题，无法从正规的银行渠道得到贷款，只能转而从影子银行等渠道以满足自身融资需求。可以说影子银行的出现，在一定程度上解决了我国金融资源市场化配置内在的矛盾问题。

中国影子银行资源配置功能一般通过以下两种方式实现：一是通过理财产品、银信合作等形式，使资金流向房地产业、地方政府融资平台以及实体经济；二是通过委托贷款，闲置资金从大型企业流向中小企业。

三 扩展功能

中国影子银行的扩展功能表现为风险管理功能。风险管理功能，即为经济主体转移、规避以及分散风险提供便利。

金融风险管理，对微观经济而言，具有以下几个方面的作用。

第一，有效的金融风险管理可以使经济主体以较低的成本避免或减少金融风险可能造成的损失。

第二，有效的金融风险管理可以稳定经济活动的现金流量，保证生产经营活动免受风险因素的干扰，并提高资金使用效率。经济主体通过制定各种风险防范对策，能够在经济、金融变量发生波动的情况下，仍然保持相对稳定的收入和支出，从而获得预期利润率。

第三，有效的金融风险管理为经济主体做出合理决策奠定了基础。一方面为管理经济主体划定了行为边界，约束其扩张冲动，也对市场参与者的行为起到警示和约束作用；另一方面也有助于经济主体把握市场机会。

第四，有效的金融风险管理有利于金融机构和企业实现可持续发展。金融风险管理能够使金融机构或企业提高管理效率，保持稳健经营，避免行为短期化。同时，一个拥有健全的风险管理体系的金融机构或企业在社会中可以树立良好的形象，赢得客户信任，从而得以在激烈的竞争中不断发展壮大。

虽然与美国影子银行风险转移方式不同，中国影子银行也具有为投资者转移、规避、分散风险的功能。投资者通过购买投向不同行业的多元化理财产品组合，资金投向多个行业、企业，显著地降低行业风险。在过去，居民闲置资金基本上都是存入银行，有经济头脑的人可能会投资到股市中。但中国股市暴跌影响了居民的投资热情，同时国家经济的发展使居民手里有了更多的钱。无论将资金投入中国股市还是影子银行中，都要承担一定的风险。可以这样说，中国影子银行的发展促使居民对风险的认识更加充分，对风险的承担具有了更大的选择性，也具有了更高的风险承受能力。

四　衍生功能

金融创新功能是中国影子银行的衍生功能。金融创新功能作为影子银行的衍生功能，是因为影子银行本身就是一种创新。是否具有创新功能是影子银行体系与正规金融体系的显著区别之一。正规金融体系在严格的监管范围下，很难具有创新动力，因而缺乏创新活力。

中国影子银行的创新功能体现在以下三个方面：

（一）对融资方式的创新

中国影子银行通过业务创新，满足了广大中小企业的融资需求，推动了直接融资与非银行信用中介的创新，其繁荣发展能够迫使"一家独大"、长期赚取垄断利润的银行进行改革，提高服务效率，激发市场活力，营造直接金融与间接金融共同发展的良好局面。网络借贷平台开启了私人之间互相借贷的新模式，通过专业化的风险管理手段为投资人选择合适的借款人，促进了理财渠道的多元化发展。

（二）对金融监管提出了新的挑战

金融创新与金融监管是一对矛盾体。高度行政化的监管限制了金融创新，但金融创新如影子银行为了规避严格监管反而加快了创新的脚步。影子银行规模迅速增加的新形势使监管机构意识到原有的监管范围需要扩大，亟待进行监管改革。同时，影子银行的多样化也让监管机构意识到监管应当以疏导为主，对于有利于金融创新、风险可控制的应当加以鼓励；从经济危机角度讲，每一次危机的产生都会造成历史性变革，对监管手段、思路都会提出一些新的要求。

（三）投资理念与经营理念的改变

经营理念的改变体现在居民的理财行为与影子银行机构经营中。过去，普通居民的理财基本上只有两种方式，存入银行或购买有价证券。影子银行的出现不仅让居民不满足于现有银行利率，通过承担风险来获取更高的收益，成为直接融资的参与者。同时，银行理财产品与信托产品"刚性兑付"神话的破灭，能够让居民更加理性地看待理财产品。

第二节　中国影子银行的功能效应

一　对宏观经济的效能

（一）影子银行对投资水平的影响

丹尼尔（B. C. Daniel，1992）在提出二元金融结构时，建立了线性模型，借鉴该模型，并结合中国影子银行体系产生的背景与特点，对影子银行体系的存在对投资水平及经济增长的影响进行分析。

影子银行体系的存在，将金融体系中的储蓄市场划分为商业银行储蓄市场和影子银行储蓄市场，从而打破了传统商业银行对储蓄市场的垄断局面。假设经济达到充分就业水平，从而储蓄水平仅受到利率水平的影响，且储蓄水平与利率水平呈正相关关系。考虑到影子银行储蓄市场的存在，将影子银行市场和商业银行市场的储蓄方程写成式（3-1），其中，影子银行储蓄市场的利率（r_s）高于商业银行储蓄市场利率（r_b）：

$$r_s = r_b + \beta' S_s \tag{3-1}$$

$$r_b = \alpha + \beta S_b \tag{3-2}$$

其中，参数 α、β、β' 均大于 0，如果商业银行的储蓄利率不存在管制，则不存在影子银行储蓄市场，从而 r_b 即代表市场利率，则式（3-2）可以代表整个经济体的总储蓄量。

投资需求由资本的边际收益率决定，从而投资需求方程可以表示为：

$$r = a - bI \tag{3-3}$$

其中，r 为资本的边际收益率，由于资本边际收益率递减，投资需求与资本的边际收益率成反比，$b > 0$。

假设不存在利率管制即不存在影子银行体系储蓄市场，式（3-2）代表经济体中的总储蓄，当 $I = S$ 即市场出清时的均衡利率为：

$$r = \frac{\beta a + b\alpha}{\beta + b} \tag{3-4}$$

在存在影子银行体系的二元金融结构中，市场均衡状态可以分为储蓄约束下的均衡和投资约束下的均衡。为了简化分析，假设式（3-1）和式（3-2）中的 β' 与 β 相等，但为便于区分，仍保留二者原来的代数表现形式。

图 3-1 展示了在储蓄约束下均衡利率是如何决定的。其中，I 为投资需求曲线，S 为总储蓄曲线，S_s 为影子银行体系的储蓄曲线，曲线 S 与曲线 S_s 之间的水平距离为商业银行的储蓄量。

从图 3-1 中可以看出，当存在储蓄约束时，商业银行利率 r_b 小于市场均衡利率 r^*，商业银行利率水平偏低与我国利率管制的实际情况相符。影子银行市场上的高利率使商业银行储蓄被分流，随着影子银行利率水平的升高，影子银行体系的储蓄量也不断增加。商业银行受到利率管制和信贷配额限制，偏好于向风险较低、同时收益较低的项目发放贷款，从而高风险、高收益的项目只能转向从影子银行融得资金。

在储蓄约束情况下，影子银行体系市场的均衡利率为：

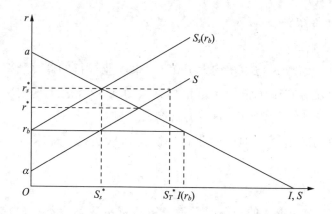

图 3 - 1　储蓄约束下的均衡利率

$$r_s^* = \frac{\beta' a + b r_b}{\beta' + b} \qquad\qquad (3-5)$$

将（3 - 5）式代入（3 - 1）式中，得到影子银行体系的均衡储蓄量为：

$$S_s^* = \frac{a - r_b}{\beta' + b} \qquad\qquad (3-6)$$

在储蓄约束情况下，市场的总均衡储蓄量为：

$$S_T^* = S_s^* + S_b = \frac{a - r_b}{\beta' + b} + \frac{r_b - \alpha}{\beta} \qquad\qquad (3-7)$$

商业银行利率能够决定经济体中的投资需求，当 $r = r_b$ 时，投资总量为：

$$I(r_b) = \frac{a - r_b}{b} \qquad\qquad (3-8)$$

在储蓄约束条件下，当市场达到均衡状态时，有 $S_T^* < I(r_b)$，假设一部分投资需求先由影子银行体系满足即 $I(r_s^*) = S_s^*$，则剩余的投资需求 $I(r_b) - I(r_s^*)$ 大于商业银行的储蓄，即有限的储蓄不能满足投资需求，此时的均衡为储蓄约束下的均衡。利用式（3 - 7）和式（3 - 8）可以得出，在储蓄约束条件下，有：

$$(r_b - \alpha)(b\beta' + b^2) - \beta\beta'(a - r_b) < 0 \qquad\qquad (3-9)$$

在投资约束条件下，情况与储蓄约束相反，即 $S_T^* > I(r_b)$。此时，在影子银行体系市场均衡利率 r^* 的水平上，储蓄大于投资需求，为实现总储蓄 $S = I(r_b)$ 的市场均衡，影子银行体系的均衡利率需要满足均衡储蓄 $\hat{S}_s = I(r_b) - S_b$，具体如图 3 - 2 所示。

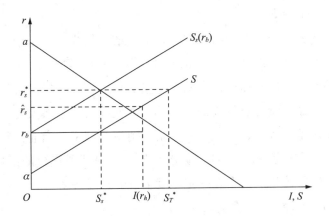

图 3 - 2　投资约束下的均衡利率

将式（3 - 1）、式（3 - 2）和式（3 - 3）代入 $\hat{S}_s + S_b = I$，得到新的影子银行体系均衡利率为：

$$\hat{r}_s = \frac{\beta'(\alpha b + a\beta - [\beta'\beta + b(\beta' - \beta)])r_b}{\beta b} \qquad (3 - 10)$$

很明显，$\hat{r}_s > r_b$ 且 $r_b < r_s^*$，从而在投资约束均衡下，高边际收益率项目也可以融得资金。

在二元金融体系下，研究商业银行利率下降对储蓄和投资的影响，关键在于确定初始均衡状态。当初始均衡状态为投资约束均衡时，投资需求受到商业银行利率下降的刺激会大幅增加，同时，储蓄不会随之明显缩减，从而均衡状态向储蓄约束均衡转化，即利率的下降会同时增加投资和有效储蓄；当初始均衡状态为储蓄约束均衡时，储蓄总量受商业银行利率下降的影响会大幅减小，而投资需求会随之明显增加，储蓄与投资之间的不均衡会加剧。在我国高储蓄率的背景下，储蓄总量大于投资需求，从而初始均衡属于投资约束的均衡。在利率市场化情况下，均衡利率 r^* 是投资约束的均衡，利率出现一个很小的下降都会刺激投资，直到利率下降至投资约束均衡与储蓄约束均衡的临界点，此时商业银行的利率是使投资最大的利率，即式（3 – 9）等于 0 时的临界利率为：

$$\tilde{r}_b = \frac{\alpha(b\beta' + b^2) + \beta\beta'a}{\beta\beta' + b\beta' + b^2} \qquad\qquad (3-11)$$

从上述分析中可以看出，在二元金融结构的线性模型中，影子银行体系的利率与传统商业银行的管制利率会相互影响。对于我国这样一个高储蓄率的国家而言，在储蓄过量的情况下，影子银行体系会调整利率使总储蓄量与总投资需求相等，并使投资水平最大化。在影子银行利率调整过程中，存在一个小于均衡市场利率的商业银行最优利率使得储蓄和投资相等，且投资水平最大，提高了资金的配置效率，从而影子银行体系的存在在一定程度上会促进经济增长。

（二）影子银行对货币政策的影响

1. 影子银行的信用创造

影子银行的产生能够为资金充足的供给者和资金缺乏的需求者搭建桥梁，因此，作为传统金融的补充，发挥着重要的金融中介作用。影子银行与商业银行的主体相同，均是由金融机构、储户和借款人三类主体组成，因此，影子银行同样具有商业银行的信用创造功能。

虽然组成影子银行的内部产品与金融机构相同，信用创造功能也基本相同，但针对不同影子银行业务或产品，各自的信用创造机制却明显不一样。

第一，对于银行理财产品而言，其信用创造模式为：投资者通过购买银行理财产品的方式，将投资的资金转移给商业银行，商业银行将通过出卖相关的理财产品或其他金融创新产品的方式募集而来的资金交付给信托公司进行投资，信托公司通过信托投资方案将资金借贷给企业。在整个投资融资过程中，投资者、银行、信托公司、企业之间形成的信用创造。

第二，对于信托公司而言，信托公司的资金主要来源于注册资金以及金融理财市场。信托公司的常规业务是将理财产品进行信托包装，吸收客户资金，并为客户提供可以带来高收益的理财服务。所以，在中央银行实施紧缩性货币政策情况下，商业银行贷款发放困难，在这种情况下，信托公司会利用发行信托、理财和其他金融服务或产品的方式吸收资金，成为金融市场上资金流动的主要机构，是商业银行贷款的主要竞争者及补充者。而且由于其收取较高水平的贷款利率，企业和个人更愿意委托信托公司贷款，在某种程度上其信用创造能力已经超过了商业银行。

第三，对于货币市场基金而言，影子银行机构的资金来源大多是货币市场基金等存款性机构，当这些机构通过发行与商业银行存款相互竞争的金融理财产品来获取资金后，它们会将资金以回购协议方式（回购的主体主要是资产支持商业票据等金融产品）投资于金融市场上以获取更高的利益，从而实现其融资功能。影子银行机构为企业和个人提供了类似商业银行贷款的融资服务，但却让资金投入货币市场，躲开了中央银行的监管，影子银行机构资金从而可以更好地在金融市场上发挥其融资功能。

第四，对于民间借贷而言，虽然民间借贷完全游离在商业银行系统之外，但民间借贷的信用创造功能却与商业银行之间存在密切的关联。为了增加资本收益，许多社会居民或企业将存款从银行体系中取出，然后通过非正规融资渠道将资金借贷给企业，借贷企业为了各种目的或通过其他方式又将此部分资金流入到商业银行系统中。此时的民间借贷发生了信用创造功能，只是其信用创造的乘数效应相对较小。

中国影子银行系统由于不受存款准备金率的限制，具有放大信贷规模或弹性调动和运用资金的能力。在以储蓄转投资的中介金融过程中，中国的影子银行表现为信用中介链条短的初级形式，大部分金融活动只需单个主体即可完成整个信用创造过程。究其本质，影子银行虽然是一个独立的金融系统，但它又是依托于商业银行而共同存在。而且，影子银行在信用创造过程中，商业银行同时发挥了重要的支撑作用。对于影子银行来说，虽然有自己的业务部门或者是相关的产品业务线，但这些都不能够在自己内部实现资金的循环流动。因此，影子银行要进行信用创造，它不能够完全脱离商业银行系统而独立进行。

影子银行的运转过程都是以金融市场为中心进行的，影子银行属于市场型金融中介机构。当影子银行作为信贷中介机构发生作用时，其运行过程中的实体和资金来源又与传统商业银行相比，存在本质区别。

2. 影子银行对基础货币和货币乘数的影响

货币政策通过狭义的货币传导机制，由中央银行对基础货币和货币乘数进行调控，以实现货币政策对宏观经济的调控作用。从而，中央银行货币政策的实施效果与其对基础货币的控制以及对货币乘数的影响程度息息相关。

随着近年来金融创新的不断发展，影子银行体系虽然没有像商业银行那样吸收存款的资格，却实际上具有银行信贷补充融资能力。影子银行体系创造了大量的金融理财产品和衍生产品，相比于传统商业银行产品，其具有利率高、流动性强的特点，使居民购买理财产品或衍生产品的欲望更强，这在一定程度上提高了居民持有通货的机会成本，减少了市场中通货的存量，从而增加了基础货币。同时，影子银行体系的出现，使商业银行不再是金融市场上唯一的信用创造主体，意味着影子银行体系创造了一个新的货币创造机制，从而影响了传统的信贷渠道，原先中央银行通过调整法定存款准备金控制商业银行超额准备并不能有效地调节金融市场流动性，影响了货币创造的政策效果，商业银行通过表外业务行为成功地规避了货币政策的调控，使基础货币的统计和定义日益复杂。

卢亚娟和吴言林（2006）对二元金融结构下的宏观金融政策做了分析，运用二元金融结构模型对货币供给量模型进行修正。该模型可以用来分析影子银行体系的存在对货币供给量的影响。首先，需要对模型进行如下假定，以简化分析：

（1）影子银行体系进行货币创造的来源是传统商业银行漏出的现金，此为影子银行进行信用创造的基础；

（2）传统商业银行的存款不进入影子银行的货币创造体系；

（3）影子银行体系的货币创造仅在影子银行体系中流动，影子银行体系与商业银行体系相对独立；

（4）影子银行体系不受存款准备金限制，从而法定准备金率为0；

（5）影子银行体系现金存款比率为0。

基于上述假设，货币供给模型为：

$$M = \frac{R_c + 1}{R_c + R_d + R_e} \times H + \frac{1}{R_f} \times (R_c \times \alpha \times M) \qquad (3-12)$$

在式（3-12）中，H 为基础货币，R_d 为法定存款准备金率，R_e 为超额准备金率，R_c 为现金存款比率，R_f 为影子银行体系的超额存款准备金率，α 为由传统商业银行流向影子银行体系的现金比率，$R_c \times \alpha \times M$ 则表示影子银行体系的基础货币。

根据式（3-12），可以整理得出存在影子银行体系下的货币供给量为：

$$M = \frac{(R_c + 1) \times H \times R_f}{(R_c + R_d + R_e) \times (R_f - \alpha R_c)} \qquad (3-13)$$

式（3-13）是存在影子银行体系情况下的货币供给量模型，虽然由于存在严格的假设条件，是一个极其简化了的模型，但也能在一定程度上反映存在影子银行体系的二元金融机构中，货币供给量要大于传统模型的货币供给量，且与传统商业银行流向影子银行体系的现金比率 α 密切相关，这说明影子银行体系的存在会直接增加货币供给量。

综上所述，影子银行体系冲击了传统基础货币，使其不再是货币市场上流动的唯一高能货币。影子银行体系创造出的各类金融理财产品及其衍生品，获得了金融市场上部分资金，却不受或少受存款准备金制度的约束。因此，随着影子银行体系规模的发展壮大，传统基础货币也变得更加难以统计。而对于货币乘数来说，以中央银行法定存款准备金为核心的货币乘数也变得难以监测。无论从基础货币还是货币乘数角度出发，其都受到影子银行体系创造的私人货币的强烈冲击，大大弱化了货币乘数的有效性，使存款准备金制度等传统的货币调控工具失去了原有的作用。

3. 影子银行降低了商业银行传导的主体地位

在中国政府部门通过货币政策对宏观经济进行调控过程中，商业银行是最为重要的货币政策运载主体，对货币政策的调控起着直接传导作用，中央银行对社会经济控制的主要意图都是通过商业银行去传递的。影子银行的出现和快速发展，催生了大量的民间借贷和非银行金融机构创新，这类业务或机构为了维护自身的经济利益，会继续不断地开发新的金融创新活动，与各类影子银行机构如信托机构、私募投资基金等进行合作，共同开发相关的理财产品，加大商业银行的表外业务。因此，由于影子银行的产生和发展，改变了商业银行在金融市场中的地位和业务活动范围，削弱了商业银行作为货币政策传导主体的功能和重要性。

4. 影子银行降低货币政策的有效性

第一，降低中央银行对货币供给量的调控力度。从前文的分析中可以得出，影子银行体系的出现，对货币供给的两个因素——基础货币和货币乘数都有较大的影响，使中央银行对货币供应量的调控力减弱，政策效果也难以量化。

从基础货币方面来看，我国中央银行对于基础货币的调节方式一般可以分为两种：一种是公开市场操作，在公开市场上对有价证券进行买卖、对债券的正逆回购来调节市场上的基础货币，以达到紧缩或者放松流动性的目的；另一种是再贴现方式，中央银行从商业银行买入未到期的票据，为商业银行提供流动性支持。这两种基础货币的调节方式，都是建立在商业银行的流动性支持主要依赖中央银行的情况下，而在影子银行体系的金融环境中，商业银行的筹资方式和融资渠道大大拓宽，商业银行可以通过影子银行体系而不是超额的准备金来保障流动性，弱化了中央银行的"银行中的银行"的作用。影子银行体系的出现，使中央银行无法有效地使用原有的流动性调整渠道，加大了中央银行控制基础货币供应的难度。

从货币乘数方面来看，货币乘数与法定存款准备金率成反比，法定存款准备金率越高，货币乘数就越小。中央银行可以通过调整法定准备金率来调整总的货币供给，中央银行提高存款准备金率，导致商业银行之间的派生存款减少，货币乘数减少，从而使总的货币供应量减少；反之，中央银行降低存款准备金率可以增加货币供应量。在商业银行实际运营过程中，除缴纳法定存款准备金外，也会不可避免地存在超额准备金的情况，使货币乘数变小。不过，在影子银行体系出现之后，一部分流动现金被吸纳入影子银行体系，部分票据、债券在影子银行体系通过资产证券化，增加了整个金融体系的派生货币，使实际上的货币乘数增大，进而导致货币乘数无法正确地反映货币政策的调控目标。

第二，加大中央银行调控措施的时滞。影子银行体系的存在，会加深中央银行货币政策的认识时滞、决策时滞以及外在时滞的不确定性和复杂性。在影子银行体系中，产品与业务的不断创新，会影响金融体系中的资金流向，改变投资者的投资方向，加剧资金流向的不确定性，使长期投资转变为短期投资，整个市场结构变得更加复杂，加大时滞的不确定性。

第三，影响货币政策传导的精准性。在一般的经济周期内，若经济遭受通胀压力，中央银行可以通过收紧信贷政策，缩减信贷规模，减少货币供给，以实现抑制通胀的目的，然而由于影子银行体系的存在，企业可以通过影子银行体系，绕开商业银行的信贷渠道，直接发行影子银行体系相关的金融产品，直接对接投资者获取资金，紧缩银根的方式对企业的影响减小，从而影子银行体系的出现削弱了调控手段的效果；同样，若经济遭受通缩压力，中央银行可以通过宽松的货币政策，扩大现金规模，增加货币，以为社会提供流动性，进而实现缓解通缩的政策目标，然而，由于影子银行体系的存在，会在一定程度上放大政策效果，存在流动性过剩的可能性。综上可以概括为影子银行体系对货币政策的传导机制的精准性有所影响。

第四，助长货币政策的微观主体规避监管。影子银行体系的出现使货币政策的微观主体——商业银行的业务经营产生了深刻的影响。银信合作等理财产品的创新对一部分大额定期存款进行了分流，同时也使活期存款下降，从而造成商业银行的负债结构发生了较大变化。

同时，影子银行体系的相关产品为商业银行提供了能够规避监管指标的路径，商业银行与影子银行体系合作规避授信额度、存贷比等限制和约束的合作越来越普遍，使商业银行的部分业务能游离于监管之外。影子银行的出现，不仅改变了商业银行负债端的存款机构，在一定程度上也分流了商业银行的居民存款，影响更为显著的是改变了商业银行部分业务的运营模式，通过银信合作能使商业银行规避监管，进而增加了金融的系统性风险，影子银行体系对货币政策传导机制的微观主体产生的影响，使其游离于监管之外，使货币政策的不确定性增强。

第五，减弱货币政策的作用，影响国家产业升级政策的执行力度。根据当前经济转型过程中的现有问题，中央经过全国范围的调研座谈出台了一系列行业政策，为了更好地引导国家的产业转型升级，淘汰落后产能，对"两高一剩"行业的贷款进行限制，为了使楼市更加平稳地发展，避免出现楼市泡沫而出台了针对房地产企业的相关融资政策限制，这一系列行业政策的出台都有其一定的合理性。而影子银行体系的出现，为企业扩大了融资渠道，但同时也为一些落后产能提供了最后的资金来源，对国家的产业升级有一定的负面影响。

第六，影子银行体系的存在使无风险利率提升，地方融资平台、房地产企业和煤炭等矿产企业作为影子银行体系中的融资方，一般都具有较大的规模和较强的偿债能力，自身经营的行业也具有高利率的特点，所以，融资方对于资金成本的承受能力也相对较高。以信托产品为例，2009 年以来，各信托产品的收益率均要高出国债收益率至少5 个百分点。同时，由于影子银行体系的运行过程中多有通道费用，融资成本更高，对投资者而言，就要求更高的收益率。在收益率高企的同时，融资方具有政府信用作为隐性担保或者部分产品以土地作为抵押，信用风险较低，从而造成了市场上的无风险利率过高，最终可能会导致宽松的货币政策仍然无法有效地降低市场利率的结果。

二 对商业银行的影响

(一) 影子银行对商业银行绩效的影响

企业的最终目标是将自身资产最大化，企业不断实现盈利是价值最大化的基本手段，商业银行通过吸收闲散资金，然后集中贷出去，从而赚取利差。可以从各方面反映商业银行营利性的财务会计指标非常多，例如，营业收入、其他营业收入、净利息收入、营业利润率、成本收入比、净息差、资产回报率、资本回报率等。

我国商业银行为了寻求监管规避、追求更高的利润回报率，不断发展委托贷款、信托贷款、未承兑银行汇票同业代付，这些中间业务的佣金收入不断提高商业银行的营利性。而外部影子银行体系的典当行、小额贷款公司、民间借贷对商业银行的营利性起到负面作用，这些新型的金融机构会不断地蚕食传统商业银行的市场。

1. 影子银行对商业银行盈利能力的正面影响

董珊珊（2014）认为，影子银行提高了中间收入所占比例，并有效地补充了商业银行的存贷款业务，缓解了融资矛盾。余吉力和陈沛麒（2014）认为，商业银行通过资产证券化，可以盘活存量资产，改善资本回报率，调整资产负债表，提高资本充足率，降低信息成本，降低、分散并转移风险，资产证券化在降低银行间接融资风险与投资者风险的同时，增加了借款人和金融中介机构的债务。郑爱华和闫百启（2014）指出，影子银行对支持实体经济的发展、金融改革、解决中小企业融资和银行体系与资本市场的对接上起到了积极的作用。朱民（2014）指出，中国正在以内部消费取代投资成为新的经济增长驱动力，并认为不同形式的影子银行发挥着不同作用，认为影子银行更灵活、更了解客户和市场。

（1）影子银行是我国商业银行的有益补充。我国的影子银行目前仍是以服务实体经济为主，在一定程度上可以看作对商业银行信用中介职能的一种有益补充。商业银行从节约成本与利润回报率的角度考虑，一般都不愿意将资金借贷给信息相对匮乏的中小微企业。而影子银行的产生，恰好满足了这部分市场主体对资金的需求。中小企业的发展能够促进经济增长，增加就业，维护社会稳定，进而有利于提高整个商业银行体系的协同运作和发展，影子银行的发展同时满足了商业银行规避监管和追求资产安全的需求，提高了商业银行资产的流动性。可以说，影子银行与传统商业银行相互竞争、互为补充，对我国金融业包括传统商业银行业的运行效率提高有很大的帮助，深化了我国利率市场化。

（2）影子银行与商业银行相互促进。商业银行在世界范围内经历了从分业经营转变成混业经营，从刚开始的信用市场上集中风险，以吸收存款资金赚取存贷利差为主，转变成了市场风险分散，以批发资金、收取佣金为主，而这些转变过程中伴随着影子银行的产生。

影子银行的产生也促进了商业银行的发展，委托贷款和银行理财业务的不断发展，一方面提高了商业银行的盈利水平，另一方面也拓宽了商业银行的经营渠道。商业银行近些年快速发展表外理财、银信合作等业务，加快了影子银行的规模扩张。影子银行的增长又促进商业银行不断发展，两者形成良性发展循环，相互促进、相互发展。

2. 影子银行对商业银行盈利能力的负面影响

陆畅（2012）认为，影子银行理财等表外业务发展导致银行存款的减少，银行"个体理性"的博弈形成了银行竞争"集体非理性"，造成了存款波动与成本上升的恶性循环。董珊珊（2014）认为，影子银行对商业银行的消极影响首先体现在对商业银行传统业务的总量和结构产生冲击，其次是限制了商业银行传统业务的议价能力，影响其经济效益。影子银行在深化利率市场化的同时，不利于商业银行传统经营模式的健康发展。赵蔚（2013）指出，影子银行资金的供给由于绕开了商业银行体系，造成了信贷资金的体外循环，扩大了社会融资总量，当政府调控货币供应量时会出现偏离。郑爱华和闫百启（2014）认为，影子银行削弱政府政策的宏观调控力度，造成金融市场风险的传递和放大，会对传统商业银行形成冲击产生，金融不稳定性。并指出，中小商业银行与影子银行之间存在着竞合关系，影子银行导致中小银行面临的负债成本压力上升，中小银行应将资产更多地配置在议价能力较强的小微企业和零售类业务上。朱民（2014）指出，影子银行过于依赖短期融资，当投资者从影子银行撤离资金时会导致银行资产价格大幅下跌，流动性短缺，降低商业银行效率，甚至引发金融危机。

商业银行在委托贷款中虽然只承担中间人角色，但承担的隐性连带责任对其安全性影响很大，商业银行为此需要加大对其人力资源投入与技术研究成本的投入，这会增加商业银行成本。同时，不断发展的信托公司与民间借贷及商业银行存在同业竞争关系，面对越来越多的投资渠道，银行的存贷款业务会受到很大影响，而这些业务发展也在不断地排挤我国商业银行传统业务，对我国商业银行的经营提出很大的挑战。

（二）影子银行对商业银行稳健性的影响

1. 影子银行对商业银行稳健性的积极影响

（1）信用中介职能的补充。影子银行的产生及其不断发展，能够满足中小企业在融资方面的相关需求，对商业银行的信用中介功能来说是一个有益的补充。商业银行较严格的信贷审核标准将多数中小企业拒之门外，影子银行利用其灵活、限制少的特点帮助中小微企业走出融资难的困境，不仅减少了破产和失业，促进了经济的增长以及社会的稳定，同时也对整个银行体系的协同发展起到促进作用。此外，影子银行对商业银行的中介职能进行代替时，有助于风险的转移，使商业银行能够降低风险的积聚。就社会融资规模来说，影子银行规模占社会的融资规模的比重在不断地上升，该比重与贷款占社会融资规模的比重有着此消彼长的微妙关系。截至 2014 年，影子银行约占社会融资规模的 30%，说明影子银行对实体经济的支撑作用是较为明显的。

（2）优化商业银行收入结构。金融市场的不断创新，使我国的金融服务功能逐渐呈现多元化，影子银行作为金融创新的产物，不但促进了商业银行运作模式的转变，同时也使商业银行的收入结构更加优化。

商业银行以往单纯依靠存贷利息差的收入模式在利率市场化的环境中难以继续维持，盈利中的非利息收入的比重在不断提高。因此，商业银行需要充分利用客户的资源以及渠道方面的优势，发行影子银行产品，进行业务创新，以此增加商业银行的佣金收入，使单一的收入模式发生改变，同时对收入结构进行优化。在我国，商业银行净利润的增加在很大程度上是由于中间业务收入占比的提高。这就说明影子银行的适度发展，增强了银行的盈利能力，使利润的来源呈现多样化，对银行的稳健发展起到非常有利的作用。

（3）加快利率市场化进程。从本质上看，理财产品就是利率市场化的一个重要产物，在利率市场化改革不断推进的前提下，商业银行通过理财产品，有利于推动投融资双方利率化市场。就负债方来说，银行发行的保本理财产品使得收益率得到了有效提高；就资产角度来说，银行的保本理财产品的主要方向是债券类以及同业拆放类。在这种情况之下，随着理财产品的逐渐扩大，存贷款利差在逐渐缩小，这使金融机构对传统经营模式的依赖有所降低，市场利率也因此逐步得到适应。

综上所述，影子银行不仅能够给传统商业银行的信用中介职能提供补充支持，解决中小企业的融资难题，同时也能够提升商业银行的盈利能力，优化收入结构。此外，影子银行的发展使银行自身的创新能力得到强化，有利于商业银行应对利率市场化的环境变化。

2. 影子银行对商业银行稳健性的消极影响

（1）增加商业银行的流动性风险。影子银行的主要风险是期限错配造成的流动性风险。以理财产品为例，资产池中收益型资产以中期信贷资产为主，整体收益率在8%—12%，贷款信托计划利率在9%左右，目前收益率较高的资产主要是组合类产品。假定组合产品中，一半是信贷资产，而另一半是债权类资产，2014年，有18%的信贷产品发行量，货币资金是主要的流动性资产，一般占32%，三个月上海银行间同业拆借利率以及七天回购利率分别在3.7%左右和3%左右。债券以及票据是介于收益型和流动型之间的资产，占一半。目前，银行间市场AA等级信用债收益率以及理财产品基础资产的平均收益率分别是在6%左右和5.62%左右。从资金池来看，人民币理财产品期限在三个月以下的占60%，一般来说，其整体收益率基本是在4.5%左右，处在一个可以维持的状态。但是，如果在资产池中银行只将资金配置到债券和货币资金市场，基础资产收益率将降到4.6%左右，将难以保证资金池理财产品的可偿付性。

银行理财产品一般是在债券和货币资金市场，能够对流动性进行控制，但是，营利性不一定能满足银行的经营要求，这必然会使商业银行采取相应的金融创新手段来对金融监管进行规避，使更多的资金能够在高收益的信贷类资产中进行投入，最终同时面临流动性风险和信用风险。

（2）增加商业银行的经营风险。理财产品会改变银行存款准备金缴存规模。当前，在对一般性存款进行统计时，中国人民银行会将理财产品计入其中，其他类型的理财资金是不受存款的准备以及资金的制约和约束的。在这种情况下，一方面，银行能够通过短期理财产品的发行对存款的规模进行调整，使存款准备金的需求降低。根据现有的监管要求，存款准备金主要是根据当天的存款余额进行计提的，因此，当银行发行理财产品是在旬末，就可能使存款余额减少，导致应该上缴的准备金降低。另一方面，在季末理财产品期限到达以后能够实现对存款的释放，这必将会使储备金的需求增加。通过对上述情况的考虑，存款准备金和银行的存款规模有着相对较大的差别，这在一定程度上增加了商业银行的经营风险，削弱了中央银行上调存款准备金对资金的冻结效果。

（3）弱化商业银行风险管理水平。影子银行的快速发展，使金融市场的竞争性不断增强，商业银行的资产余额增速相对缓慢，为了保证资产的总量和收益，很可能导致信贷审核标准的降低，使规模偏小、风险较高但许诺高收益的企业通过贷款审核，一旦这些中小企业无力按时偿还资金，则会出现不良贷款率的增加，影响资产质量的提升。

此外，商业银行对理财产品风险的评估能力较弱，如银信合作、银证合作所包含的流动性风险、信用违约风险等的信息披露不够全面。银行的这些表外业务虽然不计入表内的资产和负债，但会增加银行的收益水平，当政策变动或合作机构出现变故时，这些表外业务形成的或有负债将使银行面临风险。银行已有的监管指标也不能完全代表真实的状况，以资本充足率为例，银行表内的风险出现减少时，很可能导致资本充足率的增大，但是，当银行的表外业务发生风险以后，就会需要表内的资产对这部分的损失进行吸收。因此，计算的资本充足率就不能够对银行的正常经营起到一定的担保作用，影子银行的出现弱化了商业银行的风险管理水平。

综上所述，影子银行首先是金融创新催生的，能够对大量的闲散资金进行吸收，使银行的储蓄分流，这对银行的流动性管理是非常不利的；其次，理财产品在存款准备金方面增加了银行的经营风险；最后，商业银行通过影子银行业务获得较高的市场份额，使自身的风险管理不断弱化，对商业银行整体的稳健性水平产生了消极影响。

三 对中小企业的影响

（一）中小企业融资现状

中小企业是推动我国国民经济发展的生力军，但却一直受融资难的问题困扰而难以发展壮大。解决中小企业融资难题，能够弥补短期资金缺口，促进企业正常经营，推进技术创新，为中小企业的发展注入源源不断的活力。虽然我国一直把改善中小企业融资问题作为促进国民经济正常发展的关键环节，但是，多年以来，资金短缺问题一直存在，并且成为制约中小企业发展的重要因素。政府扶持不足与融资服务体系不完善直接造成了中小企业融资难，而中小企业融资难的现状主要表现为以下四个方面：

1. 直接融资受限

我国直接融资门槛较高，多层次的资本市场尚处于建立、完善阶段。外源融资包括直接融资和间接融资，但是，在中小企业的外源融资中，绝大部分是通过以传统银行为主的间接融资，而很小一部分来源于股权融资等直接融资。对中小企业而言，虽然通过股票融资能够得到生产和发展的资金保障，但是，由于发行股票受到制度因素的约束，大多数中小企业难以达到发行要求。创业板、中小企业板上市的门槛仍然较高，我国数量庞大的中小企业不能一一得到帮助。除此之外，中小企业短期融资融券试点和信贷资产证券化仍在缓慢进行中，中小企业通过债券融资也困难重重。中国资本市场的不健全，严重影响了中小企业通过直接融资获得贷款的能力。

2. 融资渠道单一

我国中小企业在企业发展进程中，外源融资规模逐渐扩大，但所占份额依旧远远小于内源融资，中小企业融资渠道具有一定的局限性。目前，我国有利于中小企业的融资体系尚未建立起来，银行对中小企业的政策扶持不够，总是将资金投入效益好、安全性高的大型企业，很少对中小企业提供资金支持，导致其融资困难。

在外源融资方面，由于我国中小企业普遍存在经营规模、信息不公开、治理不规范的问题，故很难通过股票或债券进行直接融资，中小企业只能转向间接融资。另外，我国信贷类产品创新不足，风险投资、私募股权基金等发展较晚，所以，银行贷款成了为数不多的外源融资的主要方式。然而，中小企业通过银行贷款的渠道贷款面临着重重阻碍。造成这种状况的原因大致有以下几个方面：第一，商业银行对中小企业普遍存在"惜贷"情况，导致中小企业通过银行贷款难度较大，同时繁复的手续和关卡也使贷款速度很慢。第二，信用担保体系不健全，在资本金实力和担保额度两方面都无法满足中小企业的资金需求，导致中小企业资信水平较低，中小企业由于资产流动性差，也很难通过抵押担保获得贷款。第三，中小企业本身存在的问题，即经营规模小、经营风险高、信用观念不强、治理结构不完善等，这些都直接导致其资信水平低下。

3. 中小企业融资成本过高

中小企业本身规模小，盈利能力有限，在融资中还要支付高额的利息及各种费用，导致其融资受阻，影响其进一步发展。由于我国商业银行对中小企业的贷款利率普遍偏高，而且中小企业不仅需要支付较高的利息，还要负担管理费、手续费等各类费用。很多中小企业为维持资金流，不得已转向国家监管之外的非银行金融机构或民间借贷等渠道进行融资，虽然贷款手续便捷，但其高利率也加大了融资成本，且风险性更高，中小企业融资的合法权益难以得到保障。

长期以来，中小企业难以与正规金融机构形成稳定、互利的合作机制，难以获得更为稳定的中长期贷款，为弥补短期资金缺口，不得不转向更多高成本的融资渠道，而缺乏长期建设资金，导致中小企业难以突破资金"瓶颈"，发展壮大。

4. 民间金融兴起

最近几年，由于民间资金丰富，民间金融作为正规金融机构的补充，其规模得到了迅速扩张。我国民间金融活动较为频繁，且具有资金配置灵活有效、借贷流程便捷、贷款审批快等特点，为中小企业提供了创业资金、短期流动资金以及资本扩张资金等方面起着重要作用。

然而，民间金融的扩张也扰乱了我国金融秩序。主要体现在：第一，民间融资普遍存在一定的盲目性和无序性，从而对国家金融稳定和正常经济秩序产生威胁；第二，民间金融的利率通常较高，在解决企业燃眉之急的同时，也会加重企业的融资成本负担，潜藏违约风险；第三，非正规金融具有隐蔽性，这些所谓的"地下经济"进行着很多违规操作，不断积聚风险，威胁金融体系稳定。

（二）影子银行在中小企业融资中的作用

1. 影子银行在中小企业融资中的积极作用

在中国目前的金融环境和经济形势下，影子银行的产生和发展有其合理性，它已经成为我国金融体系中的一员。影子银行作为社会融资规模的重要组成部分，我们首先应该肯定其在缓解中小企业融资困难中的积极作用，主要表现为以下几方面：

（1）弥补中小企业资金缺口。影子银行本质为非银行信用中介，具有信用中介的信用创造、转让和融通功能。在传统商业银行信用创造功能受制于监管制度的情况下，并不是社会上所有的资金需求者都能获得传统商业银行的信用支持，尤其是中小企业，由于其自身经营不稳定、资信度较低等，很难获得银行贷款，资金问题制约了中小企的长远发展，从而影响国民经济发展与社会稳定。影子银行的出现缓解了中小企业的融资困境，提供更多的信用以促进金融市场的繁荣，推动实体经济的发展，弥补了正规金融机构在中小企业融资方面存在的缺口。

在弥补中小企业资金缺口过程中，相比于传统银行信贷，影子银行具有时间短、效率高的优势。从影子银行申请贷款，快的只需要十几天，有的甚至几个小时资金就可以到账，大大缩短了中小企业贷款

过程中的等待时间，对于许多小企业来说，具有极大的时间价值。以
典当行为例，其发放贷款程序简单、方便快捷，尤其适合急需资金周
转的客户，并且发放的贷款不限制资金用途，期限从 5 天到 6 个月不
等，放款方式有抵押和质押两种。如同样的一笔房产抵押贷款，在银
行审批往往需要 3 个月的时间，通过典当公司贷款最多只需要 12 天
的时间，虽然典当行的利率比银行高出许多，但考虑到等待银行放款
期间，企业为短期周转金支付的费用，相比之下，在典当行的贷款更
为划算。

（2）丰富中小企业融资渠道。中小企业在影子银行的融资途径主
要集中于非银行机构的影子银行中，这些非银行金融机构主要包括小
额贷款公司、典当行、担保公司等。这些机构一般由财力雄厚的集团
公司设立，有着良好的资金保障。另外，还有民间融资形式，随着中
小企业的发展，民间借贷的规模不断扩大，逐渐成为中小企业融资的
主要途径。对于中小企业来说，影子银行使其有机会获得更具灵活性
的投资组合，满足中小企业不同投资的偏好。例如，民间融资具有灵
活、快捷、风险控制能力强的特点，能够满足中小企业零散的、多样
的融资需求，在中小企业融资过程中起到了重要的推动作用。

除融资渠道的多元化外，融资手段和方式也在这些影子银行机构
中得到创新。如小额贷款公司业务中，可以利用个人工资收入保证来
作为信用保证贷款；融资租赁公司业务中，可以利用生产设备作为抵
押，一些传统工业的老企业，在生产线上的设备过于老旧，需要更新
设备进行产业升级，而凭这些企业的资质根本无法从银行得到贷款，
但是，通过融资租赁方式，解决设备融资问题，设备升级后的企业，
每年的利润是以往老旧设备的数倍。

影子银行带动了融资渠道的多元化和融资方法手段的创新，是解
决中小企业融资难的根本途径。这些影子银行体系不受监管层面那么
严格的管制，但是也有行业自身的规范，如小额贷款公司的贷款利率
上限是基准利率的 4 倍，而根据地域不同，影子银行业呈现出地区性
特征，如北方的利率相对较高，南方的利率普遍偏低，因为地区经济
水平程度不同，影子银行业务的创新程度也不同，但不可否认的是，

为中小企业的融资提供了有利的条件。

（3）缓解信贷市场信息不对称的问题。面对中小企业，影子银行在信息上存在优势，可以缓解正规金融机构所面临的信息不对称问题，减少了道德风险和逆向选择现象。例如，委托借贷普遍在商业伙伴之间进行，或者发生在集团与子公司之间，或者发生在长期供应方与客户之间，借贷双方是存在长期合作关系的。正因为如此，贷款方能够做到比银行等金融机构更加全面、深入地了解借款方，使借贷双方之间公开透明，存在很少的信息不对称问题。所以，委托贷款这一形式的影子银行能够让借贷交易更加简便、有效，同时降低交易成本和信用风险。

（4）降低中小企业融资成本。影子银行交易的流程简捷，放款速度快，且操作灵活，能够尽可能满足客户的多样化需求，降低中小企业贷款申请过程中人力、物力、财力等诸多方面的成本。而且，通过影子银行贷款的抵押条件比较宽松，一般都会因地因人而异。除此之外，当借款人资金周转不足出现还款困难时，借贷双方可以根据具体情况重新制定借贷合同，用不同形式满足借款人多变的需求。影子银行的这些特点，恰好表现出其能够更好地为中小企业提供融资服务，让中小企业以较低的交易成本获得灵活快捷的贷款。

2. 影子银行在中小企业融资中的消极作用

影子银行在经济生活中发挥积极作用的同时，也存在一定的消极作用。主要表现为：

（1）民间借贷具有一定的局限性。民间借贷虽然运作形式灵活多样、资金来源丰富，但具有较强的地域性特征，使影子银行的交易活动通常被局限在一个较小的区域内进行，这样，在现代市场经济中，大规模经济活动的金融需求得不到满足，而只能作为正规金融机构无法发挥作用时的一种备选方案。除此之外，民间借贷利率的日益上涨，使中小企业的资金使用成本越来越大，加重其负担，造成企业持续发展的恶性循环。

（2）委托贷款、民间借贷等缺乏监管。一方面，委托贷款缺乏监管，加深了中小企业融资的难度。影子银行体系发挥了类似银行的信用中介功能，但却不会受到同等的监管制约，这显然会带来监管套利的机会。由于缺乏监管，许多大型企业（尤其是大型国有企业）利用体制上的优势从银行获得贷款，并以委托贷款的形式投放给中小企业。这不仅挤占了中小企业的融资空间，而且由于贷款利率由委托方决定，融资成本高昂，掏空了中小企业的利润。另一方面，民间借贷不规范，缺乏监管，影子银行带来的风险也日益显现。民间借贷的高利率给中小企业带来了极大的负担，随时面临因资金无法收回而导致破产的危机，造成社会的恐慌与不安。部分金融中介机构变相从事高利贷活动，赚取高额利息收入，不仅贷款利率远远超过贷款基准利率很多倍，而且会在发放的贷款时预先扣除利息，影响了金融市场的秩序。而且民间借贷与正规金融机构的合作不断加深，在这个过程中金融风险被不断放大。

（3）影响实体经济和中小企业的正常运营。不论是个人还是企业，都在为手中闲置资金寻求高收益的投资。因此，资金源源不断地被注入影子银行推出的金融产品中，造成资金价格的步步走高，从而使实体经济经营环境恶化，影响到实体经济的发展。另外，很多中小企业难以通过银行获得贷款，或者不能贷到充足的资金，为了弥补资金短缺的问题，中小企业只能另辟蹊径，向民间资本寻求帮助，以高昂的代价，从非正规渠道融资进而渡过危机。但是，中小企业的实际利润率与贷款利率相去甚远，如果资金无法收回，或者哪个环节出了问题，很可能产生连锁反应，大量企业将会面临破产的风险。

第四章 影子银行对商业银行绩效与风险贡献度的实证分析

第一节 影子银行对商业银行绩效的贡献度

一 商业银行绩效的衡量

商业银行经营绩效是指一定经营期间商业银行的经营效益和经营者业绩。商业银行经营效益水平主要表现在盈利能力、资产运营水平、偿债能力和后续发展能力等方面，其中，盈利能力是商业银行绩效最直观的体现。本章选用商业银行的盈利能力作为衡量商业银行绩效的代理变量。

盈利能力是指企业在获取收益或者利润的能力大小，具体来说，是指企业产品销售收入减去生产成本后的利润。西方经济学将利润分为经济利润与正常利润，前者考虑所有成本包括机会成本，是企业的总收益与总成本之间的差额，企业追求的最大利润，指的是最大的经济利润；而正常利润通常是指厂商对自己所提供的企业家才能的报酬支付。本章主要研究会计利润，不包含正常利润。商业银行盈利能力体现是由盈利和能力这两个概念的相互融合。

盈利能力的衡量方法主要有美国骆驼评级体系与美国杜邦公司的杜邦分析法。我们接下来简单地介绍这两种方法。

美国的骆驼评级体系最早于1976年在美国三大联邦银行监管部门开始使用，它的核心思想：是将资本充足率、资产质量、管理水平、盈利状况和流动性作为评估商业银行经营状况的主要指标。（1）在资本充足性方面，通过考察资本充足率，即总资本与总资产之比。其中，总资本包括基础资本与长期附属债务，基础资本包括股本、盈余公积、未分配利润以及呆账准备金。（2）在资产质量方面，主要考察风险资产数量、预期贷款数量、呆账准备金充足情况、贷款集中度以及贷款发生问题可能性、管理人员素质等。这个方面把贷款按风险程度分为四大类，包括正常贷款、不符合标准贷款、有疑问贷款和难以收回贷款。（3）在管理水平方面，考察商业银行业务政策、业务计划、管理者经验与经历、职员培训状况等非定量因素。（4）在盈利状况方面，考察银行在过去一年或两年之内的净收益状况。（5）在流动性方面，通过考察银行活期或定期存款的变动、可随时变现的流动资产数量、银行对借款人资金的依赖程度、资产负债的管理与控制能力、借入资金的频率以及迅速融资的能力。骆驼评级体系是对商业银行经营状况一种综合的评价体系，对从事传统业务的中小型商业银行进行评价所得出效果相对较好，但是，随着经济全球化的不断发展，跨国银行以及新业务形式的不断涌现，该评价方法具有不能将新的因素纳入评价系统的缺陷。

杜邦分析法的最早使用者是美国杜邦公司，所以，被称为杜邦分析法，它是将企业净资产收益率逐级分解为多项财务比率的乘积。最初的杜邦分析法主要是将企业权益净利润率（资本回报率）分解成销售净利率、总资产周转率与权益乘数相乘。这一方法可以综合分析和评价企业财务状况、经营业绩、公司盈利能力和股东权益回报水平。我们根据财务相关知识，可以得到权益净利润率等于净利润乘以权益乘数，而净利润又等于销售净利润与资产周转率，销售净利润通过净利润与销售收入相除，资产周转率为销售收入与平均资产总额之比，杜邦分析法的公式具体可以表示为：

净资产回报率 =（净利润/销售收入）×（销售收入/平均资产总额）×权益乘数

由于净资本回报率仅仅是商业银行股东权益的投资报酬率，而资产收益率是净利润与平均总资产的比率。我国商业银行持有很高的负债，净资本回报率不能很好地反映其经营情况，资产收益率更好地体现了企业经济资源配置的效率，能综合反映银行利用全部资产盈利的能力，所以，我们选取资产收益率作为模型的被解释变量。

二 实证分析

（一）模型设定与变量选取

在阐述了影子银行对商业银行盈利能力影响以后，本章在此基础上，选择目前我国具有代表性的 40 家商业银行（见表 4 - 1）2008—2015 年 8 年的相关数据作为样本，建立静态面板模型，探讨中国影子银行规模对国内商业银行的影响要素。

表 4 - 1 样本银行

类别	数量	具体银行
大型商业银行	5	中国工商银行、中国建设银行、中国农业银行、中国银行、交通银行
股份制商业银行	12	中信银行、华夏银行、中国招商银行、平安银行、中国光大银行、中国民生银行、浦发银行、渤海银行、广发银行、兴业银行、恒丰银行、浙商银行
城市商业银行	18	北京银行、南京银行、宁波银行、成都银行、东莞银行、杭州银行、河北银行、江苏银行、莱商银行、兰州银行、南充市商业银行、齐鲁银行、上海银行、绍兴银行、天津银行、威海市商业银行、温州银行、重庆三峡银行
农村商业银行	5	北京农村商业银行、重庆农村商业银行、广东南海农村商业银行、广东顺德农村商业银行、厦门农村商业银行

在前文中选取总资产回报率作为衡量商业银行绩效的代理变量，所以，我们用总资产回报率作为被解释变量。为了研究影子银行对商业银行盈利能力的影响，我们选取影子银行规模作为解释变量，又因为影子银行数据比较大，达到万亿规模，本章对影子银行规模数据进行取对数处理，以符号 SB 表示。这样，便于数据的观测和计算。高璐（2013）在我国影子银行对商业银行影响研究中发现，商业银行盈利能力受到前期影子银行规模变化的显著影响，为此将滞后一期的影子银行规模也纳入模型进行回归，以 LGSB 表示。

　　影响商业银行盈利能力的因素有很多，既包括宏观因素，也包括商业银行内部的一些微观因素。为了最大限度地得到模型线性无偏估计量，降低扰动项的方差，我们将这些因素作为控制变量，加入模型。

　　影子银行既影响商业银行的营利性，也影响商业银行的流动性与安全性，而商业银行的流动性与安全性指标又会对资产回报率有所影响，它们三者作为商业银行经营的三个基本原则，既是相互统一又是相互矛盾的，我们在考虑影子银行对商业银行盈利能力的影响时，必须要将这两个量加入模型，我们分别用流动性比例（CBLQ）和资本充足率（CBAR）来分别表示商业银行流动性和安全性。

　　刘宏（2010）认为，经营效率和风险管理水平始终是影响盈利能力排名的重要因素。徐辉（2013）利用前沿效率分析法，测度银行成本效率与不良贷款的关系，银行控制不良贷款率必然会减少银行不良支出，降低运营成本，所以，不良率降低了银行成本效率。综合考虑经营效率和风险管理水平，选择用非利息收入占比（OOI）、存贷比（DBL）、不良贷款率（BLR）以及资产规模（LNA）作为控制变量。

　　表 4-2 是本章涉及所有变量与缩写，其中，包括被解释变量、解释变量和控制变量三种，分别给出它们的具体含义。

表 4-2　　　　　　　　　　　　　　变量定义

变量类型	变量	符号	变量含义
被解释变量	资产回报率	ROA	净利润与总资产的比率，衡量商业银行的盈利性
解释变量	影子银行规模	SB	影子银行规模对数
	影子银行规模一期滞后	LGSB	前一期影子银行规模对数
控制变量	存贷比	DBL	存款总额/贷款总额
	非利息收入比	OOI	非利息收入/营业收入
	不良贷款率	BLR	（次级贷款＋可疑贷款＋损失贷款）/总贷款
	流动性比例	CBLQ	流动资产与短期资产比率，衡量银行的流动性
	资本充足率	CBAR	资本对其风险资产的比率，衡量安全性
	总资产规模	LNA	总资产对数，表示银行的相对规模即成长性

（二）模型检验与估计

1. 相关性分析

根据计量统计知识，如果两个解释变量，相关系数比较大（大于0.8），则可以认为，存在着比较明显的多重共线性。多重共线性是指在线性回归模型中，解释变量之间存在着精确的相关关系。在此种情况下，模型的估计将不再确切。通常情况下，多重共线是普遍的，因而在实践中，有关多重共线的检验问题，都是探讨其程度，而不是其是否存在。

表 4 - 3 是检验影响我国商业银行盈利能力有关的解释变量与控制变量之间的相关性，统计显示，影子银行规模一期滞后、存贷比、非利息收入比、不良贷款率、流动性比例、资本充足率、总资产规模、增长率等各个变量之间相关系数基本上都在 0.5 以下，处于较低水平，可以避免出现多重共线性的可能。

表 4 - 3　　　　　　　　解释变量与控制变量相关系数

	LGSB	DBL	OOI	BLR	CBLQ	CBAR	LNA
LGSB	1.00	- 0.04	0.11	- 0.26	- 0.20	0.02	0.22
DBL	- 0.04	1.00	0.01	- 0.05	- 0.31	- 0.24	0.32
OOI	0.11	0.01	1.00	0.03	0.12	0.07	0.23
BLR	- 0.26	- 0.05	0.03	1.00	0.07	- 0.27	- 0.17
CBLQ	- 0.20	- 0.31	0.12	0.07	1.00	0.16	- 0.44
CBAR	0.02	- 0.24	0.07	- 0.27	0.16	1.00	- 0.11
LNA	0.22	0.32	0.23	- 0.17	- 0.44	- 0.11	1.00

2. 模型估计

（1）模型设定。根据以上对变量的选取，我们将影子银行对商业银行营利性的影响待检验模型假设为：

$$ROA_{it} = C + \beta_1 SB_{it} + \beta_2 SB(-1)_{it} + \lambda_1 DBL_{it} + \lambda_2 OOI_{it} + \lambda_3 BLR_{it} +$$
$$\lambda_4 CBLQ_{it} + \lambda_5 CBAR_{it} + \lambda_6 LNA_{it} + \varepsilon_{it} \tag{4-1}$$

其中，i 代表银行，t 代表时间段，$i = 1, 2, \cdots, 40$；$t = 1$，

2，…，8。ROA_{it}值越大，表明商业银行盈利水平越高；SB_{it}、$SB(-1)_{it}$为解释变量，分别表示当期影子银行规模与滞后一期的影子银行规模，SB_{it}、$SB(-1)_{it}$值越大，表明影子银行规模总量越大；其他为控制变量，例如，存贷比（DBL_{it}）、非利息收入占比（OOI_{it}）、不良贷款率（BLR_{it}）、流动性比例（$CBLQ_{it}$）、资本充足率（$CBAR_{it}$）和总资产规模（LNA_{it}）；ε_{it}表示误差项。

（2）实证检验。本章研究影子银行对商业银行盈利能力的影响采用的是面板数据分析方法。面板数据融合了时间序列和截面序列，是横截面、时期和变量三维信息的综合。相对于独自地利用横截面数据，或者单独地利用时间序列，面板数据可以更加真实、全面地反映解释变量与被解释变量之间的关系，同时还能够减少多重共线性带来的问题，使实证结果更接近实际。

在模型设计方面，面板数据目前主要有三种常见的形式：第一种为混合估计形式。在时间序列面上，如果有差异的个体之间不存在明显的区别，而且在截面上不同的截面也不存在比较显著的不同，这时可以直接利用 OLS 估计。第二种是固定效应模型。当出现截面不相同，或者在时间序列上出现差异，模型的截距也不一致时，那么可以选择在模型中添加虚拟变量，然后进行模型估计。第三种是假如截面随机误差项，以及时间序列随机误差项的平均值，它们都包含在固定效应模型中，而且，这两个随机误差项服从正态分布，这便是随机效应模型。随机效应模型的前提假定是非观测效应与解释变量没有相关关系，也就是说，二者的相关系数为零，然后在此基础上采用广义最小二乘法进行估计。

一般情况下，未被观测到的因素很难保证与解释变量不相关，目前较为普遍的做法是：首先，对模型进行固定效应估计，并进行 F 检验，如果 F 检验通过，则固定效应模型比混合截面估计模型要更合适。其次，选用豪斯曼检验，以此确立模型是采用随机还是固定效应模型。

首先，进行 F 统计量检验，F 统计量可用于查验模型是混合还是固定效应。这个检验的基础是，个体之间存在着显著的差异性，但是，对于某一个个体来说，组内是不存在时间序列区别的，固定效应模型便是建立在这一基础上。检验的基本思想是，设原假设为个体效应不显著，建立如下关系：

H_0：$a_1 = a_2 = a_3 = \cdots = a_{n-1} = a_n$

建立 F 统计量检验：

$$F = \frac{(R_u^2 - R_r^2)/(n-1)}{(1 - R_u^2)/(nT - n - k)} \sim F(n-1, nT - n - k)$$

其中，u 代表无约束模型，即本章所提到的固定效应模型；r 表示受约束模型，也就是混合数据模型。

建立如上 F 统计量检验，判断混合回归与固定效应。

首先，我们将待假设模型的公式输入 Eviews 7；然后对模型样面板数据做固定效应模型（Fixed）估计回归，此处不需要对面板数据进行横截面加权，然后再进行似然比检验（F 检验），统计输出结果如表 4 - 4 所示。

表 4 - 4 　　　　　　　　随机效应模型下的豪斯曼检验

检验	统计量	自由度	概率
F 统计值	9.72	(39, 270)	0.0000
截面 χ^2	278.96	39	0.0000

4 - 4 显示，F 检验结果为：F（39, 270） = 9.72，概率 = 0.0000 < 0.05，由于检验结果中 F 检验的 P 值为 0.000，表明强烈地拒绝零假设，可以认为是固定效果明显优于混合回归效果，应该让每一个个体都有本身的截距项。

其次，进行豪斯曼检验。蒙德拉克（Mundlak, 1978）提出，在一般情况下，个体的影响应该是随机的，固定效应模型倾向于消损的自由度比较大，但是，固定效应也有独特的优势，即不必做个体效应与其他解释变量不相关的假设。

在处理面板数据时，选择固定效应还是随机效应，一般选用豪斯曼检验，通过查验固定效应 α_i 与其他解释变量是不是相关，以此作为选择固定效应模型和随机效应模型的依据。本章利用 Eviews 7 软件，分别做豪斯曼检验，其检验结果如表 4 - 5 所示。

表 4 - 5　　　　　　　　　固定效应模型下的 F 检验

检验	统计量	χ^2	概率
F 统计量	19. 67	8	0. 0162

豪斯曼检验结果中，概率 = 0. 0162 < 0. 05。拒绝应选择随机效应模型的原假设，在模型选择上分别拒绝原假设，因此，我们使用固定效应模型对模型进行估计。

（三）实证结果与分析

本章建立 40 家商业银行 2008—2015 年的面板数据以后，通过相关检验，利用 Eviews 7 软件对相关变量进行回归，回归结果如表 4 - 6 所示。

表 4 - 6　　影子银行与商业银行盈利能力固定效应模型回归结果

变量	系数	标准差	t 统计量	P 值
C	0. 9351	0. 2287	4. 0881	0. 0001 ***
SB	− 0. 0940	0. 0207	− 4. 5331	0. 0000 ***
SB1	0. 1362	0. 0271	5. 0330	0. 0000 ***
DBL	− 0. 0020	0. 0016	− 1. 2276	0. 2207
OOI	− 0. 0091	0. 0013	− 6. 9975	0. 0000 ***
BLR	− 0. 0665	0. 0079	− 8. 3822	0. 0000 ***
CBLQ	0. 0012	0. 0010	1. 2364	0. 2174
CBAR	0. 0190	0. 0042	4. 5090	0. 0000 ***
LNA	0. 0845	0. 0269	3. 1437	0. 0019 ***
R^2	0. 8082	F 统计值		24. 2195
调整的 R^2	0. 7749	概率（F 统计值）		0. 0000
DW 值	1. 8211			

注：＊＊＊、＊＊和＊分别表示在 1%、5% 和 10% 的显著性水平下拒绝原假设。

从回归结果来看，整体来说，商业银行盈利能力与存贷比、流动性比例没有显著相关性，与当期影子银行规模、非利息收入、不良贷款率呈负相关关系，与影子银行规模滞后一期、资本充足率以及商业银行规模呈正相关关系。

估计结果显示，在1%的置信区间内，当期影子银行规模相对量对我国商业银行盈利能力有负向影响，而观察滞后一期影子银行系数及其显著性，发现商业银行盈利能力受到前期影子银行相对量变化的正向影响，因此，得出结论：影子银行规模变化对我国商业银行盈利能力确实存在影响，但这一影响具有一定的时滞性，所以说，影子银行规模的增长有利于商业银行提高自身盈利能力。

第二节　影子银行对商业银行风险的贡献度

一　商业银行的稳健性测度

（一）商业银行稳健性的定义

银行体系稳健性是衡量一国金融体系稳定性的重要指标，国内目前对于银行体系的稳定性还没有确切的定义，根据 IMF 林捷瑞恩的观点，将其定义为在保持银行体系健康运营和金融秩序良好的同时，又可以满足经济发展对金融资源分配的需要。对此概念的理解应该注意以下几点：

第一，银行要保持足够的偿付能力，不断盈利并且具有良好的流动性，以应对存款人挤兑的可能。假如没有足够的流动性，资本不够充足的银行自然比较脆弱，遇到意外的冲击（政策较大变动、资产结构大幅调整、金融领域开放）时，容易倒闭。单个银行的问题很有可能演变成整个银行体系的崩溃。

第二，偿付能力是一个静态概念，描述银行体系在某一个时点上的情况，而对银行体系稳定性的进一步分析还应该包括其他宏观因素等。除此之外，美国金融管理局对商业银行及其他相关金融机构的信用评价、业务运营等提出了一套全面、可量化的综合评级制度——骆

驼评价体系。该体系共包含五项评估指标：资本充足性（capital ade-
quacy）、资产质量（asset quality）、管理水平（management）、盈利水
平（earnings）以及流动性（liquidity），这五项评估指标的英文首字
母组合在一起即为"骆驼"（Camel）。该体系共包括五个项目，将商
业银行细分为五个等级，是评价商业银行运营水平最有效的基础
模型。

综合目前的国内外文献，关于银行体系稳定性的测度有两种方
法：一种是基于综合指标值，从宏观经济指标、金融环境指标和银行
经营指标三方面加权得出银行体系稳定性指标的值；另一种是基于
BSSI 指数，对发生银行危机的主要先行指标如银行体系的存款总额
（bank deposit，DEP）、银行对非政府部门的贷款（bank credits to do-
mestic private sectors，CPS）和金融系统净国外资产（net foreign asset
of banks，FL）等进行稳定指数计算。

本章将根据系统性银行风险（金融指标变量和宏观经济指标变
量）以及非系统性银行风险（商业银行自身变量）来进行测度研究。
处理相关问题时，主要借鉴国内外专家的研究成果以及国际通用标
准，是理论与实践相结合的产物。指标设计科学与否还有待实践进行
检验，并将在今后的工作、实践中不断完善。

（二）商业银行稳健性指数的合成

从宏观角度出发，银行体系的稳定性是指银行所在的国家经济、
金融环境是稳定的，也可以理解成关于银行的法律健全、监管适度得
力等。从微观角度来看，中央银行以及商业银行有抵御风险的能力，
可以通过资本金充足情况、不良贷款数量和其他指标来综合反映，通
过比较这些基本指标最近几年的变化，可以判断我国银行体系的稳
定性。

1. 衡量指标的选取

结合中国商业银行的具体实践和银行体系稳定性指标选取的理论
研究，本章将商业银行体系稳定性的测度指标分为系统风险衡量指标
（SR）和非系统风险衡量指标（NR）两类。

系统性银行风险衡量指标包括宏观经济指标变量（GDP 增长率、

通货膨胀率）和金融指标变量（M2 增长率、金融机构信贷增长率、一年期实际存款利率），具体说明如下：

GDP 增长率：该指标直接反映一个国家经济发展状况，如一个国家经济体系的活力，该指标作为衡量宏观经济发展的长期指标较为合适。

通货膨胀率：该指标是反映一国货币币值稳定的基本指标，本质上是一种货币风险。从通常意义上说，持续的物价上涨将导致货币贬值，如果通货膨胀率增加，将会增加金融风险转变为金融危机的可能性。

M2 增长率：该指标用以反映一个国家的货币发行量的增减速度。货币供应量不仅会影响价格水平，还能影响一个国家的产出水平。过快的货币供给通常会导致资产价格的泡沫性通货膨胀，进而引发大量银行坏账的产生，并且使货币的政策效率降低。

金融机构信贷增长率：该指标是指金融机构各项贷款余额的年增长和上年 GDP 的比值。

一年期实际存款利率：所谓实际利率是用名义利率减去通货膨胀率得到的结果。利率是国家宏观经济调控的重要杠杆，如果经济体增长速度较缓慢，中央银行有提高实际利率水平的趋向，但实际利率水平的不断增长将有可能增加不良贷款的数量，而且持续为负的实际利率表明，商业银行体系因为政府固定名义利率而发生了扭曲。

非系统性银行风险衡量的是商业银行经营指标变量，包括不良贷款率、拨备覆盖率、资本充足率、资产收益率和存贷比。

不良贷款率：该指标是评价银行机构信贷资产安全状况的重要指标之一，其计算公式为：不良贷款率 =（次级类贷款 + 可疑类贷款 + 损失类贷款）/各项贷款 × 100%。

拨备覆盖率：该指标是银行贷款可能发生的呆账坏账准备金的使用比率，是衡量商业银行贷款损失准备金计提是否充足的一个重要指标。该项指标既可以考察银行财务是否稳健、风险是否可控，也能够从宏观上反映银行贷款的风险程度及社会经济环境、诚信等方面的情况。

　　资本充足率：该指标通常反映银行自身的资本实力以及评估银行防范资本风险的能力，资本充足性是评估商业银行是否运营稳健的基本指标。

　　资产收益率：该指标是评价商业银行盈利水平的重要指标。良好的盈利能力是商业银行最重要的经营目标之一，既是商业银行弥补损失的重要途径，也是银行扩张业务的重要动力。

　　存贷比：该指标是银行贷款余额与存款余额的比率。从银行盈利角度讲，存贷比越大越好，因为存款是要付息的，即所谓的资金成本，如果一家银行的存款很多，贷款很少，就意味着它成本高，而收入少，银行的盈利能力就较差。

　　2. 综合指数合成方法

　　表 4 - 7 中，指标临界值的确定，主要参考了国际通用标准、中国银监会的监管要求、部分商业银行的年报和一些专家学者的研究成果。

表 4 - 7　　　　　　　　　　　稳健性指标临界值

风险类型	指标符号	指标名称	稳健性程度			
			安全	正常	关注	危险
指标映射值区间			$[0, 20]$	$(20, 50]$	$(50, 80]$	$(80, 100]$
系统性风险衡量指标	A1	GDP 增长率	$[6.5, 9.5]$	$[5, 6.5) \cup (9.5, 11]$	$[3.5, 5.5) \cup (11, 12.5]$	$(-\infty, 3.5) \cup (12.5, +\infty)$
	A2	通货膨胀率	$[0, 4]$	$(4, 7]$	$(7, 10] \cup (0, -2]$	$(-\infty, -2) \cup (10, +\infty)$
	A3	M2 增长率	$[5, 15]$	$(15, 20]$	$[0, 5) \cup (20, 25]$	$(-\infty, 0) \cup (25, +\infty)$
	A4	金融机构信贷增长率	$[5, 15]$	$(15, 20]$	$[0, 5) \cup (20, 25]$	$(-\infty, 0) \cup (25, +\infty)$
	A5	一年期实际存款利率	$[0, 4]$	$[-4, 0) \cup (4, 7]$	$[-8, -4) \cup (7, 10]$	$(-\infty, -8) \cup (10, +\infty)$

续表

风险类型	指标符号	指标名称	稳健性程度			
			安全	正常	关注	危险
非系统性风险衡量指标	B1	不良贷款率	$[0, 1]$	$(1, 5]$	$(5, 10]$	$(10, 100]$
	B2	拨备覆盖率	$[150, +\infty)$	$[100, 150)$	$[80, 100)$	$[0, 80)$
	B3	资本充足率	$[12, 100]$	$[8, 12)$	$[4, 8)$	$[0, 4)$
	B4	资产收益率	$[0.6, +\infty)$	$[0.4, 0.6)$	$[0.2, 0.4)$	$(-\infty, 0.2)$
	B5	存贷比	$[0, 50]$	$(50, 75]$	$(75, 85]$	$(85, 100]$

数据处理主要借鉴了伍志文（2002）的研究成果，过程如下：采用映射法将指标原始数据映射为相应的分数值以便比较。具体方法可以分为两种情况：一是针对越小越好的指标，如不良贷款率等，例如，中国建设银行 2008 年不良贷款率为 2.21，判断属于 $(1, 5]$ 的正常区间，将位于 $(1, 5]$ 的 2.21 按相同比例映射到 $(20, 50]$ 的区间，其计算方法为：$[(2.21-1)/(5-1)] \times (50-20) + 20 = 29.08$。二是针对越大越好的指标，如拨备覆盖率、资本充足率等，例如，中国建设银行 2014 年拨备覆盖率为 175.8，判断属于 $[150, +\infty)$ 的安全区间，由于所有样本期内，该指标的历史最大值为 1398.1，为方便计算，将 175.8 置于 $[150, 1400]$ 的区间，再按相同比例映射到 $[0, 20]$ 的区间，计算方法为：$[(1400-175.8)/(1400-150)] \times 20 + 0 = 19.59$。按同样的方法，计算出各个指标的赋值后，将其取算术平均得到商业银行综合风险指数 CR。

这里，科学确定权重是国内外相关研究的一个难题，是一种理论与专家经验相结合的方法，有一定的主观性。本章的面板数据不太适合采用主成分分析法构建权重，因此，采取了众多学者普遍采用的算术平均方法。

3. 中国代表性商业银行稳健性的测算

与第一节选用相同商业银行作为研究样本，分别以全部 12 家股份制银行、5 家大型国有银行、18 家城市商业银行、5 家农村商业银行的非系统风险指数的均值作趋势图，如图 4-1 所示。

从表 4-8 和图 4-1 中可以看出，2008—2015 年我国商业银行非系统风险水平总体较低，大部分都在正常与安全区域，并且稳健性水平稳步提高，全部商业银行样本的 NR 均值由 2008 年的正常区域 35.27 改善到 2015 年的 23.83。原因可能是 2004 年以来，中国商业银行市场化改革，尤其是国有大银行剥离不良贷款、注资和上市后，在资本要求、外部监管和市场纪律的约束下形成了压力机制和动力机制，使商业银行公司治理和风险管理能力得到有效提高，从而使得即使在 2008 年的全球金融危机下，银行的稳健性水平也并未下降。

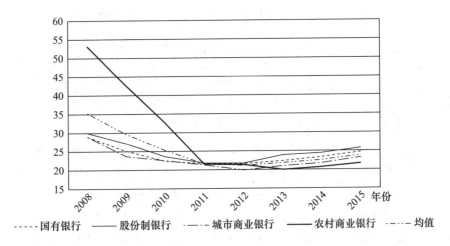

图 4-1　商业银行的非系统风险指数各均值趋势

由图 4-1 可以看出，2008—2010 年，我国上市银行和城市商业银行的非系统风险指数较低，而农村商业银行的非系统风险指数偏高，但 2011 年以后，四者差距在缩小，并趋于一致。

表 4-8　2008—2015 年中国 40 家商业银行非系统性风险评估指数

年份	2008	2009	2010	2011	2012	2013	2014	2015
中国工商银行	24.20	21.45	20.84	20.36	20.01	21.14	22.21	23.88
中国建设银行	24.43	21.89	21.05	21.09	21.07	22.10	23.39	23.62
交通银行	27.41	24.73	24.09	22.79	23.19	24.14	24.70	25.41
中国农业银行	41.26	31.78	22.46	21.25	20.64	20.95	22.32	24.45

续表

年份	2008	2009	2010	2011	2012	2013	2014	2015
中国银行	27.46	25.65	23.40	22.73	23.17	23.31	23.95	26.04
渤海银行	31.03	29.48	24.00	17.61	16.33	16.73	22.83	24.65
中国光大银行	30.97	29.20	24.22	23.84	23.51	25.29	24.83	25.70
广发银行	30.18	32.17	26.89	25.45	25.69	28.36	26.77	29.19
恒丰银行	28.27	21.41	22.78	22.39	19.11	21.68	19.97	20.50
华夏银行	31.23	32.03	26.19	23.11	24.49	26.07	25.17	27.54
中国民生银行	32.58	26.92	25.34	23.05	23.51	24.67	26.25	26.33
平安银行	49.34	27.03	24.31	22.63	24.45	26.31	24.30	25.91
浦发银行	28.87	25.80	21.01	20.50	21.30	23.89	25.07	25.62
兴业银行	23.58	23.56	21.91	21.78	19.01	21.44	22.91	24.78
中国招商银行	23.66	25.93	23.48	21.30	20.65	25.41	24.41	26.70
浙商银行	26.19	22.80	19.44	18.41	19.83	21.61	24.90	24.95
中信银行	23.70	28.99	23.65	21.72	22.83	24.99	25.63	27.33
北京银行	20.19	20.31	18.96	19.42	20.43	22.62	24.11	24.96
成都银行	37.01	22.16	17.74	17.61	17.55	18.38	19.81	22.40
重庆三峡银行	14.68	17.19	16.87	14.80	13.01	14.34	13.69	15.64
东莞银行	20.80	20.37	20.55	19.50	18.69	20.65	23.26	24.60
杭州银行	22.90	21.67	21.85	20.42	21.78	24.13	23.32	24.06
河北银行	53.16	20.31	17.27	18.10	17.58	18.46	19.56	21.77
江苏银行	26.26	26.35	22.84	21.82	21.94	23.67	24.40	25.99
莱商银行	18.65	19.18	16.84	17.21	17.56	22.49	23.17	35.84
兰州银行	44.97	32.82	22.66	21.98	21.94	22.66	24.38	23.59
南充市商业银行	22.71	19.50	15.49	11.79	12.68	13.30	16.70	19.99
南京银行	20.18	21.76	20.19	19.44	18.91	19.13	17.62	17.22
宁波银行	20.62	24.34	21.02	20.58	20.94	20.65	21.18	21.28
齐鲁银行	26.80	24.60	57.66	49.13	22.28	21.67	23.65	22.94
上海银行	27.95	28.29	26.33	24.65	22.69	22.96	22.40	23.19
绍兴银行	34.24	26.39	25.06	21.02	24.76	25.02	27.79	29.34
天津银行	19.93	19.42	19.36	20.47	19.32	22.51	20.81	20.86

续表

年份	2008	2009	2010	2011	2012	2013	2014	2015
威海市商业银行	56.96	35.87	20.93	21.36	19.68	19.05	16.83	18.74
温州银行	33.69	25.55	23.46	24.00	26.17	25.71	27.67	25.48
北京农村商业银行	51.11	51.81	38.91	23.60	22.93	22.79	21.05	20.33
重庆农村商业银行	53.27	32.49	22.27	20.23	19.33	18.57	18.24	19.50
广东南海农村商业银行	76.97	71.77	56.48	23.64	20.93	20.42	21.46	22.48
广东顺德农村商业银行	34.57	22.79	19.42	17.89	17.60	17.42	23.19	24.43
厦门农村商业银行	50.02	34.38	25.96	22.21	25.85	20.75	19.28	21.49

根据上一节介绍的稳健性指数合成方法，将 2008—2015 年的 GDP 增长率、通货膨胀率、M2 增长率、金融机构信贷增长率、一年期实际存款利率按照映射法分别计算出风险值，并对这五个指标取算术平均数，得到系统性风险指数（SR）。代表性商业银行的非系统风险指数（NR）由上述 40 家商业银行各自的非系统风险指数取算数平均数得到，具体测算结果见表 4-9。

表4-9　　　　　　　40 家代表性商业银行稳健性测算结果

年份	系统性风险指数（SR）	非系统性风险指数（NR）	商业银行稳健性指数（CR）
2008	32.20	35.27	33.74
2009	52.80	29.63	41.22
2010	37.83	25.27	31.55
2011	28.38	21.57	24.98
2012	20.86	21.14	21.00
2013	15.51	21.79	18.65
2014	13.91	22.52	18.22
2015	18.19	23.83	21.01

二 实证分析

(一) 向量自回归模型

西姆斯 (Sims, 1980) 提出了向量自回归 (VAR) 模型, 在这个模型中, 没有区分内生变量和外生变量, 他把所有变量都看成是内生变量, 并构造联立方程, 每个方程都有相同的解释变量, 即所有被解释变量若干期的滞后值。VAR 模型适合分析随机扰动对变量系统的动态冲击, 从而解释各种经济冲击对经济变量的影响。

本章主要研究影子银行规模对商业银行稳健性的影响, 因此, 先建立向量自回归模型, 利用其能够把模型中每一个内生变量作为所有内生变量滞后期的函数的特点, 探究影子银行规模、商业银行稳健性、M2 增长率和 GDP 增长率之间的动态关系。向量自回归模型的检验和分析采用 Eviews 7 计量软件进行。

1. 变量选取

商业银行体系的稳健性受多种因素的共同影响, 除了本书重点研究的影子银行规模, 还需要从宏观角度考虑经济发展状况和货币政策的影响, 因此, VAR 模型将选取的研究变量, 包括影子银行规模 (lnSB)、商业银行稳健性指数 (CR)、GDP 增长率 (RGDP) 以及广义货币供应量增长率 (RM2)。

表 4 - 10   变量定义

变量	符号	变量含义
影子银行规模	lnSB	影子银行规模对数形式
商业银行稳健性指数	CR	由系统性风险和非系统性风险综合计算得出
GDP 增长率	RGDP	GDP 同比增长率
广义货币供应量增长率	RM2	M2 同比增长率

关于实证研究时间区间的选择, 一方面考虑到中国上市商业银行较为完整的统计数据始于 2005 年, 年度数据无法满足 VAR 模型对样本容量的要求; 另一方面根据第三章的研究发现, 对影子银行的关注

和影子银行的大规模扩张均始于 2008 年，加之，2008 年之后相关指标的季度统计数据更加完整。因此，VAR 模型中所有变量的数据均使用 2008—2015 年的季度数据，样本容量为 32。其中，影子银行规模采用银信合作、银行承兑未贴现汇票、委托贷款和外部影子银行四者的季度值之和来计算；商业银行稳健性指数根据第一节介绍的指标映射与合成方法，分别计算 40 家代表性商业银行稳健性的季度指标，取其平均值作为代表性商业银行总体的稳健性指数，其季度稳健性指数计算结果如表 4－11 所示。本章使用的数据均来自 Wind 金融数据库、Bankscope 数据库、银监会官网以及中国人民银行官网。

表 4－11　2008 年第一季度至 2015 年第四季度中国商业银行稳健性指数

	A1	A2	A3	A4	A5	B1	B2	B3	B4	B5	CR
2008 年第一季度	60.0	61.0	34.8	31.8	49.7	54.7	44.9	26.4	10.7	36.4	41.0
2008 年第二季度	48.0	58.6	34.3	18.7	47.9	53.5	44.0	26.8	10.3	36.8	37.9
2008 年第三季度	20.0	33.1	24.8	15.3	28.8	52.9	41.0	23.8	10.0	37.0	28.7
2008 年第四季度	4.0	12.9	25.0	12.7	22.5	30.5	39.3	26.0	10.4	36.7	22.0
2009 年第一季度	22.0	59.5	59.1	38.2	14.4	27.8	35.7	25.3	10.1	37.0	32.9
2009 年第二季度	8.7	73.0	86.7	83.4	18.9	25.8	29.4	26.8	9.9	36.7	39.9
2009 年第三季度	42.0	69.1	94.9	94.2	17.6	25.0	23.5	24.5	9.3	37.4	43.7
2009 年第四季度	68.0	2.6	96.7	98.7	8.7	24.4	19.3	24.5	9.6	36.9	38.9
2010 年第一季度	74.0	10.5	78.0	80.2	0.8	23.0	17.3	26.8	10.3	37.2	35.8
2010 年第二季度	46.0	13.9	51.7	49.8	24.0	22.3	15.2	26.8	9.7	37.5	29.7
2010 年第三季度	28.0	16.8	41.6	38.1	28.3	21.5	12.9	23.0	10.0	38.1	25.8
2010 年第四季度	28.0	26.5	45.4	40.9	34.3	20.8	11.0	20.0	11.4	37.4	27.6
2011 年第一季度	34.0	31.6	29.3	34.4	36.2	20.8	9.3	21.5	8.6	36.9	26.3
2011 年第二季度	30.0	38.2	22.6	27.4	39.3	20.0	6.8	20.0	8.6	36.8	25.0
2011 年第三季度	0.7	43.6	17.5	23.6	41.5	18.0	3.9	19.9	8.6	38.4	21.6
2011 年第四季度	4.7	26.5	30.5	27.3	28.6	20.0	2.9	19.9	10.0	37.9	20.8
2012 年第一季度	9.3	19.1	35.2	32.8	22.4	18.8	1.7	19.8	8.1	37.4	20.5
2012 年第二季度	12.7	14.6	37.7	37.7	1.7	18.8	1.3	19.8	8.4	37.2	19.0
2012 年第三季度	13.3	9.7	44.4	42.2	5.4	19.0	1.3	19.8	8.7	38.3	20.2
2012 年第四季度	9.3	10.5	19.0	35.8	4.5	19.0	0.6	19.7	10.3	38.4	16.7

续表

	A1	A2	A3	A4	A5	B1	B2	B3	B4	B5	CR
2013 年第一季度	10.7	12.3	23.5	34.2	2.7	19.2	1.1	19.9	9.0	37.6	17.0
2013 年第二季度	12.7	12.0	21.6	32.4	3.0	19.2	1.0	19.9	8.9	38.2	16.9
2013 年第三季度	10.7	13.9	18.9	30.6	1.2	19.4	1.7	20.0	9.1	38.8	16.4
2013 年第四季度	12.0	14.6	18.1	24.7	0.4	20.0	2.3	20.0	10.4	39.3	16.2
2014 年第一季度	14.0	11.4	15.7	22.1	3.7	20.3	3.5	20.0	8.6	39.1	15.8
2014 年第二季度	13.3	11.0	17.6	29.0	4.0	20.6	4.9	19.9	9.0	38.5	16.8
2014 年第三季度	16.0	9.9	15.3	23.5	5.2	21.2	7.0	19.8	9.3	37.0	16.4
2014 年第四季度	15.3	7.6	13.4	24.4	6.2	21.9	9.1	19.7	11.0	38.1	16.7
2015 年第一季度	16.7	6.0	11.0	30.9	6.6	22.9	11.7	19.7	10.1	38.8	17.4
2015 年第二季度	16.7	6.9	10.3	36.8	3.2	23.8	13.5	19.8	11.0	39.0	18.1
2015 年第三季度	17.3	8.7	16.5	59.4	0.1	24.4	14.6	19.7	11.4	39.7	21.2
2015 年第四季度	18.0	7.4	17.0	74.5	0.2	25.0	15.8	19.7	12.9	40.7	23.1

2. 模型检验

（1）单位根检验。为了确保时间序列数据符合建立模型的要求，首先进行平稳性检验，本章采用检验时间序列变量平稳性的方法是 ADF 单位根检验。

如表 4 - 12 所示，变量影子银行规模（lnSB）、商业银行稳健性指数（CR）、GDP 增长率（RGDP）和广义货币供应量增长率（RM2）都是非平稳时间序列，t 统计量均大于 1%、5%、10% 的显著性水平下的临界值，故都存在单位根。上述四个变量经过一阶差分之后，在 5% 的显著性水平下都拒绝原假设，均不存在单位根，得到四个平稳的一阶单整时间序列，满足建立 VAR 模型的条件。

（2）协整检验。传统理论认为，建立 VAR 模型的时间序列必须是平稳的，但是，差分的处理通常会损失水平序列包含的信息。然而，随着协整理论的发展，只要各变量之间存在协整关系，非平稳时间序列也可以建立 VAR 模型。

在进行协整检验之前，首先要确定协整检验的滞后阶数，通常情况下，协整检验的滞后阶数为无约束 VAR 模型的滞后阶数减去 1。常

表 4 – 12　　　　　　　　　　变量数据的 ADF 检验

变量	t 统计量	临界值			概率值	平稳性
		1%	5%	10%		
lnSB	– 0.3853	– 2.6534	– 1.9539	– 1.6096	0.7882	非平稳
CR	– 0.4212	– 3.7529	– 2.9981	– 2.6388	0.8897	非平稳
RGDP	– 1.2705	– 2.6417	– 1.9521	– 1.6104	0.1834	非平稳
RM2	– 0.6255	– 2.6417	– 1.9521	– 1.6104	0.4382	非平稳
DLNSB	– 2.4178	– 2.6534	– 1.9539	– 1.6096	0.0177	平稳
DCR	– 5.0221	– 4.3743	– 3.6032	– 3.2381	0.0024	平稳
DRGDP	– 5.5678	– 2.6471	– 1.9529	– 1.6100	0.0000	平稳
DRM2	– 3.7955	– 2.6443	– 1.9525	– 1.6102	0.0004	平稳

用的确定滞后阶数的方法有似然比（LR）检验、AIC 准则和 SC 准则。从表 4 – 13 中可以看出，似然比（LR）检验、最终预测误差法（FPE）、AIC 准则、SC 准则、HQ 准则确定的最优滞后阶数均是 2 阶，因此得到 VAR 模型的最优滞后阶数为 2，进行协整检验的最优滞后阶数为 1。

表 4 – 13　　　　　　　　　　VAR 最优滞后阶数

滞后阶数 Lag	logL	似然比（LR）检验	最终预测误差法（FPE）	AIC 准则	SC 准则	HQ 准则
0	– 243.0922	NA	167.5710	16.4728	16.6596	16.5326
1	– 168.2221	124.7836	3.3508	12.5481	13.48227 *	12.8470
2	– 145.4718	31.85048 *	2.276790 *	12.09812 *	13.7796	12.63602 *

注：＊代表各检验和准则确定的最优滞后阶数。

　　Johansen 协整检验方法有特征根迹检验和最大特征值检验，本节使用 Eviews 7 对变量商业银行稳健性指数（CR）、内部影子银行规模（lnSB）、GDP 增长率（RGDP）和广义货币供应量增长率（RM2）进行最大特征值的 Johansen 协整检验，检验结果见表 4 – 14。

表 4 – 14　　　　　　　　　　协整检验结果

原假设	特征值	最大特征值	5% 的临界值	概率值
0 个协整向量 *	0.6145	60.1275	47.8561	0.0023
至多 1 个协整向量 *	0.3977	31.5340	29.7971	0.0312
至多 2 个协整向量 *	0.3343	16.3216	15.4947	0.0375
至多 3 个协整向量 *	0.1282	4.1142	3.8415	0.0425

注：* 表示在 5% 的显著水平下拒绝原假设。

从检验结果可以得出，变量商业银行稳健性指数（CR）、内部影子银行规模（lnSB）、GDP 增长率（RGDP）和货币供应量指标（RM2）之间在 5% 的显著性水平下存在三个协整关系，即以上四个变量之间在长期具有稳定的关系，符合建立 VAR 模型的要求。

（3）格兰杰因果检验。如果只根据变量之间的协整关系就建立回归模型，那么很有可能因为变量之间不一定存在因果关系而导致伪回归。格兰杰因果检验实质上是检验一个变量的滞后变量是否可以引入其他变量方程中，如果一个变量受到其他变量的滞后影响，则可以认为，它们具有格兰杰因果关系。本章研究的四个变量的格兰杰因果检验结果如表 4 – 15 所示。

表 4 –15　　　　　　　　格兰杰因果检验结果

原假设	F 统计量	概率值	结论
lnSB 不是 CR 的格兰杰原因	8.7531	0.0064	拒绝原假设
CR 不是 lnSB 的格兰杰原因	3.4611	0.0284	拒绝原假设
RM2 不是 CR 的格兰杰原因	3.8768	0.0442	拒绝原假设
CR 不是 RM2 的格兰杰原因	2.0483	0.0135	拒绝原假设
RGDP 不是 CR 的格兰杰原因	2.6599	0.0488	拒绝原假设
CR 不是 RGDP 的格兰杰原因	8.8973	0.0023	拒绝原假设
lnSB 不是 RGDP 的格兰杰原因	3.3768	0.0582	接受原假设
RGDP 不是 lnSB 的格兰杰原因	11.7074	0.0006	拒绝原假设

因果检验结果表明，在 10% 的显著性水平下，商业银行稳健性指

数（CR）分别与内部影子银行规模（lnSB）、GDP 增长率（RGDP）、广义货币供应量增长率（RM2）之间存在双向因果关系，同时，影子银行规模（lnSB）和 GDP 增长率（RGDP）也相互影响。而在实证研究常用的 5% 的显著水平下，影子银行规模（lnSB）不是引起 GDP 增长率（RGDP）变化的原因。

3. 实证结果与分析

（1）脉冲响应函数分析。在进行脉冲响应函数分析之前，必须先检验 VAR 系统的稳定性，若系统不稳定，则会导致脉冲响应函数的标准误差等结果无效。本节采用 AR 根图表法，如果所有单位根的模都小于 1，即所有单位根的模都落在单位圆内，那么 VAR 模型满足稳定性条件。检验结果如图 4-2 所示，所有单位根的模都落在单位圆内，建立的模型稳定，可以继续进行脉冲响应函数分析。

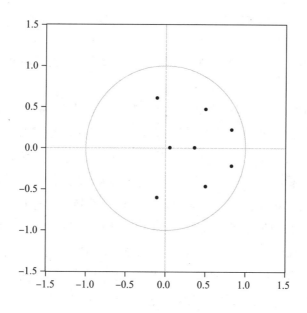

图 4-2 VAR 模型稳定性检验

脉冲响应函数能够分析当一个误差项发生变化，或者模型受到某种冲击时对系统的动态影响。本节在构建 VAR 模型的基础上，通过脉冲响应函数图分析内部影子银行规模（lnSB）、GDP 增长率（RGDP）、广义货币供应量增长率（RM2）分别对商业银行稳健性指数（CR）的冲击效应，图 4－3 中纵坐标代表受到冲击后的响应程度，横坐标代表滞后期数。

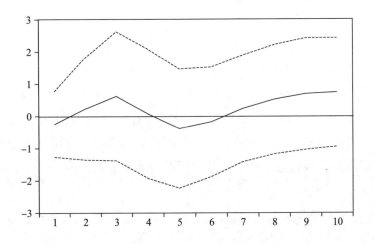

图 4－3　影子银行规模对商业银行稳健性指数冲击的响应

　　由影子银行规模对商业银行稳健性指数冲击的响应图可以看出，当影子银行规模受到一个单位的正向冲击之后，稳健性指数在第 2 期、第 3 期受到了正的影响，随后在第 4 期、第 5 期受到了负的影响，即银行稳健性水平提升了 0.1%，从第 7 期开始，银行稳健性指数一直为正。影子银行规模对商业银行稳健性指数的作用有一定的时滞，影子银行规模的扩张在未来短期内增加了银行的风险，中期来看，商业银行的风险得到了控制，影子银行规模的扩大甚至提高了商业银行的稳健性指数，银行表外业务不计入资产负债表却能改变资产利润率从而提高银行资产质量就体现了这一点。但是，从长期来看，商业银行的风险仍然存在，需要加强对影子银行的监管，有效防范金融风险。

　　在增长对商业银行稳健性指数冲击的响应图（见图 4－4）中，经济增长受到单位正向冲击之后，商业银行稳健性指数从第二期开始一直受到负的影响，并在第 4 期达到负向峰值，商业银行稳健性水平

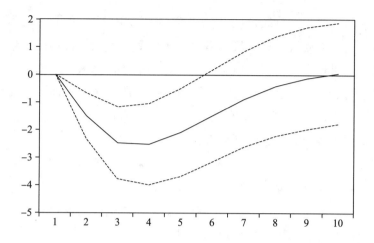

图 4 - 4 GDP 增长对商业银行稳健性指数冲击的响应

相应上升 2.5%，随后影响逐渐减小，在第 9 期之后趋于零。该脉冲响应函数图说明 GDP 增长对银行稳健性指数的积极影响在大概一年后表现最为明显，随着时间的流逝，GDP 增长的作用也逐渐减弱。

在货币供应量增长率对商业银行稳健性指数冲击的响应图（见图 4 - 5）中，当受到一个单位 RM2 的正向冲击，即广义货币供应量增长率增加时，银行稳健性指数在随后的第 2 期、第 3 期受到正向影响，

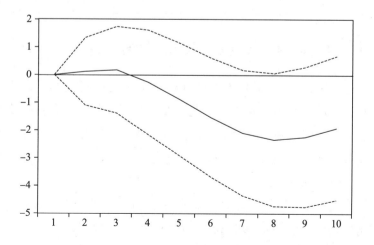

图 4 - 5 货币供应量增长率对商业银行稳健性指数冲击的响应

从第 4 期开始产生负向影响并一直持续到第 10 期，在第 8 期达到负向峰值。说明宽松的货币政策出台后，短期内商业银行可能在信贷规模增加的同时不良贷款也相应增加，银行稳健性指数有所降低，但中长期内宽松的货币政策不仅降低了银行的系统性风险，而且通过活跃的投融资活动增加了银行的盈利能力，从而降低了银行的非系统风险，使商业银行的稳健性指数得到提高。

图 4 - 6 显示，当受到银行稳健性指数一个单位的正向冲击时，即表示商业银行稳健性指数突然下降，影子银行规模在第 2 期短暂上升之后，从第 3 期开始一直受到负的影响，说明较低的银行稳健性指数在中长期会阻碍影子银行规模的增长。

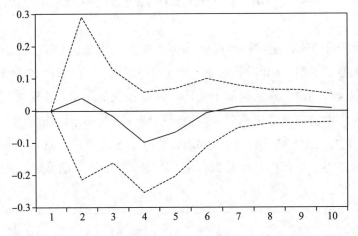

图 4 - 6   商业银行稳健性指数对影子银行规模冲击的响应

图 4 - 7 显示，给定影子银行规模一个单位的正向冲击，GDP 增长开始受到正的影响，并在第 5 期转变为受到负的影响，从第 7 期开始一直受幅度较小的正向影响。该图说明内部影子银行的规模在短期内对 GDP 增长起促进作用，要想这种促进作用具有持续性，可能需要进一步引导和规定影子银行的发展。

（2）方差分解分析。方差分解通过分析每一个结构冲击对内生变量变化的贡献度，进一步评价不同结构冲击的重要性，本书建立的 VAR 模型的方差分解情况如表 4 - 16 所示。

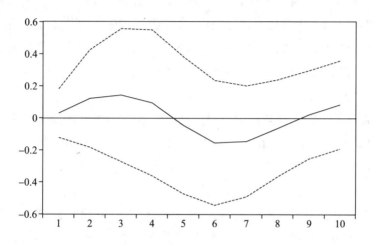

图4-7　影子银行规模对 GDP 增长冲击的响应

表4-16　　　商业银行稳健性指数波动的方差分解

滞后期	误差	CR	lnSB	RGDP	RM2
1	2.1385	100.0000	0.0000	0.0000	0.0000
2	2.9080	93.9954	1.2949	4.4301	0.2796
3	3.3875	94.1664	0.9645	4.5381	0.3311
4	3.6028	93.6305	0.8865	4.5641	0.9190
5	3.7669	92.1597	0.8125	4.2508	2.7771
6	3.9188	89.8268	1.0743	4.0761	5.0227
7	4.0337	87.8950	1.5051	4.0249	6.5751
8	4.1039	86.6056	1.8385	3.9977	7.5582
9	4.1422	85.8075	2.0502	3.9714	8.1709
10	4.1619	85.3471	2.1828	3.9512	8.5189

　　根据商业银行稳健性指数波动的方差分解的结果，货币政策对银行稳健性的贡献随时间推移而逐渐增加，在第10期达到8.5%；GDP增长对银行稳健性的贡献率在第2期到第4期缓慢增加，在第4期达到峰值4.6%，随后便逐渐减小；内部影子银行规模对银行稳健性的

贡献率从第 2 期的 1.3% 逐步减小到第 5 期的 0.81%，之后贡献率从第 6 期开始不断增加，最终在第 10 期达到 2.2%。总体来说，货币政策和影子银行的影响有时滞且是作用时期较长，而 GDP 增长的影响在未来短期内较为明显，长期作用有所减弱。

（二）面板回归模型

通过前文建立的商业银行稳健性指数、影子银行规模、GDP 增长率、M2 增长率 4 个变量的向量自回归（VAR）模型可以得出：影子银行规模、GDP 增长率、M2 增长率是引起商业银行稳健性指数变化的原因，其中，影子银行规模对商业银行稳健性的贡献较其他变量更为显著。基于变量间的这种关系可以建立以 40 家代表性商业银行稳健性指数为被解释变量、影子银行规模为解释变量的面板回归模型，研究影子银行规模每变化一个单位引起商业银行稳健性变化的程度。为了使面板数据模型的估计更为准确，本章将 GDP 增长率、M2 增长率、资本充足率（CAR）、不良贷款率（BLR）和平均资产收益率（ROA）作为控制变量加入模型进行回归分析。

$$\ln CR_{it} = C + \beta_1 \ln SB_{it} + \lambda_1 RGDP_{it} + \lambda_2 RM2_{it} + \lambda_3 CAR_{it} + \lambda_4 ROA_{it} +$$
$$\lambda_5 BLR_{it} + \varepsilon_{it} \qquad\qquad (4-2)$$

在回归方程（4-2）中，i 代表各商业银行（i = 1，2，…，40），t 代表时间（t = 1，2，…，8），该面板数据模型的分析采用 Eviews 7 计量软件进行。

1. 变量选取

与向量自回归（VAR）模型中数据选取的情况相同，考虑到影子银行规模的增长情况以及数据来源的限制，该面板模型中的指标均选用 2008—2015 年的年度数据。40 家代表性商业银行稳健性衡量指标是运用第一节的映射和合成方法计算得到，影子银行规模的衡量指标是采用第三章的测算方法由银信合作、委托贷款、银行承兑未贴现票据、民间借贷的季度数据求和得到。模型中被解释变量、解释变量和控制变量的名称以及具体含义如表 4-17 所示。

表 4 - 17　　　　　　　　　　　变量定义

变量类型	变量	符号	变量含义
被解释变量	商业银行稳健性指数	lnCR	第一节合成的稳健性指数取对数，指数越小表示稳健性水平越高
解释变量	影子银行规模	lnSB	影子银行规模的对数
控制变量	GDP 增长率	RGDP	国内生产总值增长率，衡量宏观经济的变量
	M2 增长率	RM2	广义货币供应增长率，衡量宏观经济的变量
	不良贷款率	BLR	次级贷款、可疑贷款、损失贷款之和与总贷款的比率，衡量资产安全性
	资本充足率	CAR	资本对其加权风险资产的比率，衡量安全性
	平均资产收益率	ROA	净利润与资产平均总额的比率，衡量商业银行营利性

2. 模型检验

（1）单位根检验与协整检验。在对其进行回归分析时，首先是检验变量的平稳性，一般常用的 ADF 检验法会使得在检验的过程中出现一定的偏差，所以，本章采用 LLC（针对相同的根）和 IPS（针对不同根）进行单位根检验，所有变量的单位根检验结果如表 4 - 18 所示。

表 4 - 18　　　　　　　　各变量单位根检验结果

变量	LLC 检验		IPS 检验	
	统计量	P 值	统计量	P 值
lnCR	- 15.9735	0.0000	- 3.9074	0.0000
lnSB	- 39.5841	0.0000	- 18.3310	0.0000
RGDP	- 54.8796	0.0000	- 22.0566	0.0000
RM2	- 64.0214	0.0000	- 22.8159	0.0000
BLR	- 22.3739	0.0000	- 1.8680	0.0309
CAR	- 16.0629	0.0000	- 7.1204	0.0000
ROA	- 17.3642	0.0000	- 6.8171	0.0000

　　各变量的单位根检验结果表明，所有变量都拒绝了单位根检验的原假设，可以认为，这些变量是平稳的。接下来，对变量进行协整检验，本章采用的方法是 KAO 检验。

　　表 4 - 19 显示，t 统计量的概率值小于 5%，说明在 5% 的显著性水平下不接受原假设，即各个变量之间存在协整关系，因此，各变量之间存在长期均衡且稳定的关系，可以对变量进行回归分析。

表 4 - 19　　　　　　　　　　　　变量 KAO 检验结果

统计量	检验假设	t 统计量	P 值
ADF 检验	H_0：不存在协整关系	- 9.0594	0.0000

　　（2）F 检验与豪斯曼检验。通过 F 统计量检验，判断混合回归与固定效应，首先，我们将待假设模型的公式输入到 Eviews 7，然后对模型面板数据做固定效应模型（Fixed）估计回归，这里不需要对面板数据进行横截面加权，然后再进行似然比检验（F 检验），统计输出结果如表 4 - 20 所示。

表 4 - 20　　　　　　　　　　固定效应模型下的 F 检验

检验	统计量	自由度	P 值
F 统计值	5.4418	(39, 274)	0.0000
截面 χ^2	183.5372	39	0.0000

　　表 4 - 20 显示，F 检验结果为：$F(39, 274) = 5.4418$，P 值 = 0.0000 < 0.05。由于检验结果中 F 检验的 P 值为 0.000，表明强烈地拒绝零假设，可以认为，是固定效果明显优于混合回归效果，应该让每一个个体都有本身的截距项。

　　接着对应选择固定效应还是随机效应进行检验判断，利用 Eviews 7 软件分别做豪斯曼检验，其检验结果如表 4 - 21 所示。

表 4 – 21　　　　　　　　随机效应模型下的豪斯曼检验

检验	χ^2 统计量	χ^2 自由度	P 值
F 统计值	12.54	6	0.0195

豪斯曼检验结果中 P 值 = 0.0195 < 0.05。拒绝应选择随机效应模型的原假设,在模型选择上分别拒绝原假设,因此,我们使用固定效应模型对模型进行估计。

3. 实证结果与分析

在本章建立 40 家商业银行 2008—2015 年的面板数据以后,通过相关检验,利用 Eviews 7 软件对相关变量进行回归,回归结果如表 4 – 22 所示。

表 4 – 22　影子银行对商业银行风险贡献度固定效应模型回归结果

变量	系数	标准差	t 统计量	P 值
C	3.9940	0.1420	28.1308	0.0000 ***
lnSB	– 0.0435	0.0120	– 3.6360	0.0003 ***
RGDP	– 0.0301	0.0060	– 4.9808	0.0000 ***
RM2	– 0.0101	0.0020	– 5.1302	0.0000 ***
BLR	0.0693	0.0059	11.6875	0.0000 ***
CAR	– 0.0065	0.0017	– 3.8737	0.0001 ***
ROA	– 0.2708	0.0263	– 10.3094	0.0000 ***
R^2	0.8606	F 统计值		37.6001
调整的 R^2	0.8377	概率 (F 统计值)		0.0000
DW 值	1.8839			

注:***、** 和 * 分别表示在 1%、5% 和 10% 的显著性水平下拒绝原假设。

从得到的回归结果可以看出,影子银行规模与商业银行稳健性指数的相关系数为负,由于稳健性指数越小,表示稳健性水平越高,所以,本章研究的 40 家代表性商业银行的稳健性与中国影子银行规模呈正相关关系。在 2008—2015 年这个时期内,影子银行规模增长 1

个百分点，代表性商业银行稳健性指数提高 0.04 个百分点。此外，
GDP 增长、货币供应量增加、资本充足率和资产利润率增加都会促进
商业银行稳健性指数提升，而不良贷款率的上升会对稳健性指数造成
负向影响。

第三节　小结

本章以 40 家代表性商业银行作为研究样本，分别进行实证研究
影子银行对商业银行绩效和风险的贡献程度，从实证结果中得出以下
结论：

首先，通过对影子银行对商业银行绩效贡献度进行实证研究，从
实证结果中可以看出：

第一，我国影子银行规模变化对我国商业银行盈利能力的影响有
一定的时滞，影子银行规模的增长有利于提高商业银行的盈利能力。
当期影子银行规模增长对商业银行盈利能力起抑制作用，这是因为，
在本章测算的影子银行总量上，民间借贷量占80%，在本书中，是以
未观测的社会信贷量来对民间借贷进行衡量的，这部分资金需求都是
通过非正规的金融机构获得，这部分影子银行的发展势必削弱传统商
业银行的盈利能力。再加上如今越来越多的人选择新型的金融方式，
这些业务不断蚕食商业银行的传统业务，影子银行对商业银行盈利能
力的影响很快会显现出来，但我国影子银行发展主要依附传统商业银
行，社会未观测的信贷量会通过其他各种途径转移到商业银行体系当
中，这就导致影子银行发展又会促进商业银行提高盈利能力，这正好
符合我们的实证结果，即前一期的影子银行规模对商业银行盈利能力
影响是正向的，其影响系数大于当期影子银行对商业银行盈利能力的
影响系数，滞后一期的影子银行对商业银行影响程度明显大于当期影
子银行规模对商业银行盈利能力的影响。所以，总体上看，影子银行
发展对商业银行盈利能力起促进作用。

第二，商业银行的存贷比、净息差、流动率对商业银行盈利能力

有促进作用。我们很好地理解前两者对商业银行营利性的影响，存贷比越高，一方面反映商业银行的存款吸收能力很强；另一方面也体现商业银行吸收的资金没有大部分用于传统贷款业务，而是将大量资金用于其他业务，例如，表外理财、同业代付等业务，这些中间业务的佣金收入非常可观，且资金的利用率较高即资金使用周期比较短，成本投入相对于传统的信贷业务也减少。所以，商业银行利用表外业务提高营业收入，降低营业成本，从而提高盈利能力。净息差的大小本身就反映商业银行传统盈利能力，所以，净息差对银行的盈利能力起促进作用。

第三，成本收入比、不良贷款率的变化对商业银行盈利能力起反作用。成本收入比反映经营成本支出，成本收入比越大的话，商业银行经营的成本也越大，这势必减少其利息或非利息收入甚至净利润，最终降低其盈利能力。不良贷款率反映银行资产质量，不良贷款率越高，说明商业银行的资产质量越差，贷款损失程度就越大，自然会降低商业银行的盈利能力。

其次，在对商业银行稳健性指数进行合成测算的基础上，分别利用向量自回归（VAR）模型和固定效应面板模型研究影子银行对商业银行风险的贡献度，从实证结果中可以得出以下结论：

第一，中国商业银行稳健性指数具有波动性。从第一节对中国40家代表性商业银行非系统风险水平的测算结果不难发现，2008—2015年，40家商业银行非系统风险水平的均值呈现递减趋势，意味着银行稳健性指数逐步上升，但代表性商业银行中的股份制银行、城市商业银行、农村商业银行的非系统风险均值分别都在2008—2012年呈现出明显的波动性，并在近三年逐渐趋于平稳。通过对2008—2015年影子银行规模和40家代表性商业银行稳健性的简单拟合图形可以发现，影子银行规模在一定水平以下影子银行的发展对银行体系的稳定性起着一定的积极作用，超过这个水平后，影子银行的发展会对银行体系的稳定性起消极作用。

第二，中国影子银行规模对商业银行稳健性和GDP增长的影响存在时滞，并具有持续性。通过对VAR模型脉冲响应函数进行分析能够得到，影子银行的冲击对商业银行稳健性指数从第二季度开始发挥作用，在冲击后一年左右影响达到最大。同时，影子银行的正向冲击也可以持续影响 GDP 增长率，在冲击后的第二季度到第四季度 GDP 增长率受到正向影响充分说明影子银行对国民经济的发展的积极贡献作用。然而，影子银行规模当期的扩大在第四季度之后对 GDP 增长产生了消极的影响，这说明影子银行潜在风险带来的影响存在时滞，如果不及时加强对影子银行的监管，引导其健康发展，那么影子银行这把"双刃剑"就会危及金融稳定和国民经济发展。

第三，中国商业银行稳健性指数在一定程度上可以通过影子银行的规模进行调节。根据面板回归模型得到，影子银行规模增长 1 个百分点，代表性商业银行稳健性指数提高 0.09 个百分点，适当扩大影子银行规模，有利于提高商业银行的稳健性指数。究其原因，一方面，现阶段，影子银行主要是对实体经济进行服务，使中小企业的融资难问题得到了有效的解决，整个经济能够健康稳定地发展；另一方面，我国影子银行的资产证券化程度不高，影子银行通过增加商业银行表外业务，优化收入结构，在一定程度上使银行的流动性风险弱化。值得关注的是，影子银行虽然使商业银行的稳健性有所提高，但也给银行未来的发展留下了隐患，如何削弱影子银行在滞后期的负面影响，引导其健康成长是传统商业银行可持续发展的重要任务。

第五章　基于影子银行视角的商业
银行风险预警实证研究

2014 年以来，监管部门逐渐加强了对影子银行的监管，据中国人民银行 2014 年货币政策执行报告显示，我国影子银行整体规模增速呈放缓趋势。然而，以买入返售金融资产和应收款项类投资为代表的商业银行影子银行业务规模却大幅增加。由于影子银行业务的期限错配、流动性转换、信用转换等基本属性，影子银行业务的风险具有较强的传染性，影子银行业务一旦发生风险，将导致银行业发生风险，进而影响到我国的宏观金融安全。因此，商业银行有必要对影子银行业务隐藏的风险进行事前预警与防范。

第一节　监管政策与影子银行发展模式

由于影子银行业务具有显著的监管套利特征，随着监管政策的不断变化，影子银行业务也呈现出不同的模式，本书将监管政策与影子银行业务模式发展变化总结如图 5-1 所示。

从图 5-1 中可以看出，2012 年银监会针对同业代付业务出台 237 号文，要求商业银行将同业代付记入贷款科目下，此次政策变动导致同业代付业务风险权重从 20% 变成 100%，导致同业代付业务同样受到贷款限额的限制。在监管层规范同业代付业务之后，银行开始着手将非标信贷资产转至表外的理财产品。2013 年，银监会出台 8 号文以应对表外信贷类理财产品的急剧扩张，限制了理财产品投资非标准

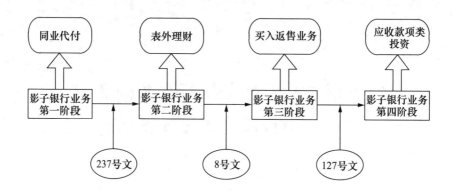

图 5 - 1 监管政策与影子银行业务模式发展

注：237 号文是指《中国银行业监督管理委员会办公厅关于规范同业代付业务管理的通知》（银监办发〔2012〕237 号）；8 号文是指《中国银行业监督管理委员会关于规范商业银行理财业务投资运作有关问题的通知》（银监发〔2013〕8 号）；127 号文是指《中国人民银行、中国银行业监督管理委员会、中国证券监督管理委员会等关于规范金融机构同业业务的通知》（银发〔2014〕127 号）。

化债权资产的余额上限。表外信贷理财产品业务受到遏制后，银行同业市场的信托受益权买入返售业务规模开始增加。2014 年，银监会出台 127 号文对买入返售业务的标的金融资产进行了限制，提高买入返售非标资产的风险权重，增加了监管套利成本。买入返售业务受阻后，商业银行资产负债表中的应收款项投资项目规模大幅扩张。可见，随着监管政策的不断完善，商业银行的影子银行业务也在不断地发展变化。

在商业银行多类影子银行业务中，买入返售业务（在商业银行资产负债表中表现为"买入返售金融资产"和"应收款项类投资"科目）因其形式多样、在资产负债表中隐蔽性强等特点，受到监管制度针对性变化的影响较小，从而是最具代表性的影子银行业务。

第二节 商业银行风险度量方法的选取

商业银行的风险度量，国内外学者进行了大量研究，主要成果包括 CAMELS 评级法、因子分析法以及 Z - Score 法等。

一　CAMELS 评级法

2006 年，为建立规范统一的商业银行监管评级体系，中国银行业监管委员会发布《商业银行监管评级内部指引（试行）》（银监发〔2005〕88 号），在 CAMELS 评级法的基础上，从资本充足状况（Capital Adequacy）、资产质量状况（Asset Quality）、管理状况（Management）、盈利状况（Earnings）、流动性状况（Liquidity）以及市场风险状况（Sensitivity of Market Risk）六个方面制定定量、定性衡量指标并确定权重，以对中国商业银行风险进行评级和度量。银监会设置监管评级体系，有助于监管机构全面掌握商业银行的风险状况，提高监管效率，以便有针对性地实施监管措施。

在银监会监管评级体系中，采用了定量与定性相结合的评价方法，定性指标占 40% 的比重，由于银监会对商业银行的监管评级结果并未对外公布，应用该方法对商业银行进行风险评价时对于定性评价标准的客观性、准确性以及可比性要求较高，因此，在实证研究中，应用该方法难度较大。

二　因子分析法

应用因子分析法可以从风险评价指标体系中提取公共因子，并以公共因子的方差贡献率作为权重，从而加权计算得出评价指标的综合得分，利用因子分析综合得分，可以对商业银行风险进行测度。

因子分析法的数学表示如下：

$$\begin{bmatrix} x_1 \\ x_2 \\ \vdots \\ x_m \end{bmatrix} = \begin{bmatrix} \alpha_{11} & \alpha_{12} & \cdots & \alpha_{1k} \\ \alpha_{21} & \alpha_{22} & \cdots & \alpha_{2k} \\ \vdots & \vdots & \ddots & \vdots \\ \alpha_{m1} & \alpha_{m2} & \cdots & \alpha_{mk} \end{bmatrix} \begin{bmatrix} f_1 \\ f_2 \\ \vdots \\ f_k \end{bmatrix} + \begin{bmatrix} \varepsilon_1 \\ \varepsilon_2 \\ \vdots \\ \varepsilon_m \end{bmatrix} \qquad (5-1)$$

从而可以计算因子得分为：

$$f_i = \beta_{i1}x_1 + \beta_{i2}x_2 + \cdots + \beta_{im}x_m \quad (i=1, \cdots, k) \qquad (5-2)$$

其中，$\begin{bmatrix} \gamma_{11} & \gamma_{12} & \cdots & \gamma_{1m} \\ \gamma_{21} & \gamma_{22} & \cdots & \gamma_{2m} \\ \vdots & \vdots & \ddots & \vdots \\ \gamma_{m1} & \gamma_{m2} & \cdots & \gamma_{mm} \end{bmatrix} \begin{bmatrix} \beta_{i1} \\ \beta_{i2} \\ \vdots \\ \beta_{ik} \end{bmatrix} = \begin{bmatrix} \alpha_{1i} \\ \alpha_{2i} \\ \vdots \\ \alpha_{ki} \end{bmatrix}$，且 $\begin{bmatrix} \gamma_{11} & \gamma_{12} & \cdots & \gamma_{1m} \\ \gamma_{21} & \gamma_{22} & \cdots & \gamma_{2m} \\ \vdots & \vdots & \ddots & \vdots \\ \gamma_{m1} & \gamma_{m2} & \vdots & \gamma_{mm} \end{bmatrix}$ 为

初始评价指标的相关系数矩阵。

再根据得到的公因子解释方差贡献率，加权计算得出综合得分，其计算方法如下：

$$F = \frac{\omega_1}{\sum\limits_{i=1}^{k} \omega_i} f_1 + \frac{\omega_2}{\sum\limits_{i=1}^{k} \omega_i} f_2 + \cdots + \frac{\omega_k}{\sum\limits_{i=1}^{k} \omega_i} f_k \qquad (5-3)$$

因子分析法通过降维的方式，以较少的指标代替原指标，但该方法依赖样本数据的质量，对于指标相关性较低的样本数据，利用因子分析法提取得到的公因子仅能反映原始数据的部分信息，难以避免原始数据信息的丢失，因此，并不是所有样本均适用于因子分析法。

三 Z – Score 法

Z – Score 法由罗伊（Roy，1952）提出，最初用来衡量企业破产的可能性。罗伊将企业破产定义为净资产无法抵补亏损，即 $\pi + E < 0$，其中，E 表示权益，π 表示利润，则企业破产风险概率为 $P(\pi < -E)$，则有：

$$P(\pi < -E) = P\left(\frac{\pi}{A} < -\frac{E}{A}\right) = P\left(ROA < -\frac{E}{A}\right) \qquad (5-4)$$

根据罗伊的研究，当 $ROA \sim N(\mu, \sigma)$ 时，有：

$$P\left(ROA < -\frac{E}{A}\right) = \int_{-\infty}^{-\frac{E}{A}} \frac{1}{\sqrt{2\pi}\sigma} e^{\frac{(ROA-\mu)^2}{2\sigma^2}} dROA = \frac{\sigma^2}{\left(\mu + \frac{E}{A}\right)^2} \qquad (5-5)$$

令 Z – Score $= \dfrac{\mu + \dfrac{E}{A}}{\sigma}$，根据式（5 – 5）可以看出，Z – Score 值为企业破产概率的倒数形式，从而可以用 Z – Score 值衡量企业破产风险，Z – Score 值与企业破产风险呈反向变动关系，即 Z – Score 值越小，企业破产风险越大。

在商业银行破产可能性较低的情况下，Z‑Score 值能够体现商业银行运营风险的大小（Houston et al. , 2010；张健华和王鹏，2012）。从而可以用 Z‑Score 值对商业银行风险进行衡量，Z‑Score 值越大，商业银行风险越低。应用 Z‑Score 值衡量商业银行风险的具体公式如下：

$$Z - Score_{it} = \frac{ROA_{it} + CAR_{it}}{\sigma(ROA_{it})} \tag{5-6}$$

其中，ROA 为银行总资产收益率，$\sigma(ROA)$ 为总资产收益率的标准差，CAR 为银行的资本充足率。

运用 Z‑Score 法能够综合考虑银行利润、杠杆和利润的波动性以衡量商业银行的经营风险，将收益率、资本充足率以及收益率的波动性结合成一个指标，以 Z‑Score 值作为衡量商业银行经营风险的指标与现有商业银行稳定性水平的理论相一致，同时，Z‑Score 值相比而言，更便于在实证过程中应用。因此，本章选取 Z‑Score 值对商业银行风险进行衡量。

第三节　商业银行风险预警实证分析

一　变量选取与模型构建

（一）影子银行业务指标的选取

影子银行业务规模是商业银行从事影子银行业务状况的最直观体现，一方面可以直接反映商业银行影子银行业务的发展程度，外界对于影子银行业务的关注大多集中于业务规模上；另一方面利用业务规模也便于对影子银行业务风险进行衡量。

商业银行在我国影子银行体系中占据主导地位（裘翔和周强龙，2014），并且同业业务是我国商业银行从事影子银行业务的重要方式之一（祝继高等，2016）。近年来，基于规避监管的动机，商业银行在同业业务方面不断进行创新，同业业务也逐渐发展成为"类贷款业务"。

从前文的分析可以看出，随着监管制度的不断变化，影子银行业务模式也呈现出不断变化的趋势，在商业银行多项创新影子银行业务中，买入返售业务因其业务形式多样、在资产负债表中隐蔽性较强等特点，是最具代表性的影子银行业务。一方面，买入返售业务形式多样，与同业代付业务和银信合作理财业务相比，受到针对性监管的影响较小；另一方面，通过业务创新买入返售业务能够在商业银行资产负债表中的不同科目间腾挪，具体体现在"买入返售金融资产"和"应收款项类投资"等表内科目中，从而可以从买入返售金融资产和应收款项类投资的角度对商业银行的影子银行业务规模进行衡量。

基于以上考虑，本章以买入返售金融资产和应收款项类投资作为商业银行影子银行业务规模的代理变量。此外，理财产品是商业银行影子银行业务资金的重要来源（刘秀光，2014），其中，非保本理财资金多投向于房地产业、地方融资平台等，存在违约可能性，进而使商业银行产生经营风险，基于该方面的考虑，本书同时选取非保本理财占比作为影子银行业务代理变量。

（二）商业银行风险指标的选取

为实现对商业银行风险进行预警的目的，需要将样本银行划分为高风险银行和低风险银行。从前一节的分析得知，Z – Score 值能够较好地对商业银行风险进行衡量，因此，本章应用 Z – Score 值对样本银行进行风险度量。考虑到 Z – Score 值与商业银行风险呈现反向变动关系，将 Z – Score 值大于均值的银行设定为风险较低的银行，取值为 0，将 Z – Score 值小于均值的银行设定为风险较高的银行，取值为 1。据此确定被解释变量 Y_{it}，风险较低的银行 $Y_{it}=0$，风险较高的银行 $Y_{it}=1$。

（三）控制变量的选取

本章选取不良贷款率、存贷比、银行资产规模以及 GDP 增长率作为控制变量。不良贷款率能够反映商业银行贷款质量，对于衡量商业银行资产安全状况具有重要参考价值；虽然银监会 2015 年 10 月 1 日起取消了商业银行存贷比 75% 的上限值，但是，作为实施长达 20 年之久的监管指标，存贷比对于商业银行风险监管仍有一定的参考价值；商业银行规模能够反映其应对风险的能力，本章以银行总资产的对数形式来衡量商业银行规模；商业银行经营状况在一定程度上会受到宏观经济情况的影响，本章以 GDP 增长率作为控制变量来衡量宏观经济状况。

（四）模型说明与构建

常见的面板模型构建形式如下：

$$Y_{it} = \alpha_{it} + X_{it}\beta_{it} + \varepsilon_{it} \qquad (5-7)$$

其中，$X_{it} = (X_{1,it}, X_{2,it}, \cdots, X_{k,it})$，$\beta_{it} = (\beta_{1,it}, \beta_{2,it}, \cdots, \beta_{k,it})$；$\alpha_{it}$ 和 ε_{it} 分别表示常数项和误差项；$i = 1, 2, \cdots, N$；$t = 1, 2, \cdots,$ T；k 表示指标数量；N 表示样本截面数量；T 表示样本观测时期。

本章为实现对商业银行的影子银行业务进行风险预警的目的，将商业银行划分为较高风险和较低风险的离散形式，Logit 模型适用于离散形式的变量，同时其假设条件较为宽松，并且被广泛地应用于各类预警模型中。考虑到本章样本数据为面板数据，因此，本章通过构建面板 Logit 模型对商业银行子银行业务的风险进行预警研究，从而构建面板 Logit 模型形式如下：

$$Y_{it}^* = \alpha_{it} + X_{it}\beta_{it} + \varepsilon_{it} \qquad (5-8)$$

其中，

$$P(Y=1) = P(Y_{it}^* > 0) = P(\varepsilon_{it} > -\alpha_{it} - X_{it}\beta_{it})$$

$$= 1 - F(-\alpha_{it} - X_{it}\beta_{it}) = \frac{e^{\alpha_{it} + X_{it}\beta_{it} + \varepsilon_{it}}}{1 + e^{\alpha_{it} + X_{it}\beta_{it} + \varepsilon_{it}}} \qquad (5-9)$$

$$P(Y=0) = P(Y_{it}^* \leqslant 0) = P(\varepsilon_{it} \leqslant -\alpha_{it} - X_{it}\beta_{it})$$

$$= F(-\alpha_{it} - X_{it}\beta_{it}) = \frac{1}{1 + e^{\alpha_{it} + X_{it}\beta_{it} + \varepsilon_{it}}} \qquad (5-10)$$

在应用 Logit 模型的过程中，参数估计得出的模型回归系数的数值不具有实际意义，只能根据回归系数的符号来判断自变量对因变量的影响方向，即自变量的回归系数为正，说明该变量与因变量同向变动，即自变量取值越大，风险发生的概率越大；反之，自变量的回归系数为负，说明该变量与因变量反向变动，即自变量取值越大，风险发生的概率越小。若需得出自变量对因变量具体影响程度，还需要对 Logit 模型的边际效应进行估计。

二 预警模型的检验与估计

(一) 变量选取

根据前文对研究设计进行的分析,本章确定的研究变量及各变量的含义如表 5 - 1 所示。

表 5 - 1   变量定义

变量类型	变量名称	变量符号	变量含义
因变量	商业银行风险状态	Y	$\begin{cases} Y_{it} = 0, \text{表示风险较低银行} \\ Y_{it} = 1, \text{表示风险较高银行} \end{cases}$
自变量	买入返售金融资产	BSF	买入返售金融资产的对数形式
	应收款项类投资	RI	应收款项类投资的对数形式
	非保本理财占比	WMP	非保本理财产品/理财产品总量
控制变量	商业银行规模	A	商业银行期末总资产的对数形式
	不良贷款率	NPL	(次级类贷款 + 可疑类贷款 + 损失类贷款)/各项贷款×100%
	存贷比	DL	各项贷款余额(不含贴现)/各项存款余额
	GDP 增长率	RGDP	本年 GDP/上年 GDP

综合考虑数据可得性和完整性,本章选取中国 40 家商业银行 2008—2015 年的数据作为研究样本,样本中涵盖了国有大银行、股份制银行、城市商业银行以及农村商业银行,在我国银行业具有较强的代表性,具体样本银行如表 5 - 2 所示,数据均来自 Wind 数据库。本章样本银行类型多样、代表性强,对样本银行进行风险预警研究,对于中国银行业具有重要的参考价值和借鉴意义。

表 5 - 2   样本银行

类别	数量	具体银行
大型商业银行	5	中国工商银行、中国建设银行、中国农业银行、中国银行、交通银行
股份制商业银行	12	中信银行、华夏银行、中国招商银行、平安银行、中国光大银行、中国民生银行、浦发银行、渤海银行、广发银行、兴业银行、恒丰银行、浙商银行

类别	数量	具体银行
城市商业银行	18	北京银行、南京银行、宁波银行、成都银行、东莞银行、杭州银行、河北银行、江苏银行、莱商银行、兰州银行、南充市商业银行、齐鲁银行、上海银行、绍兴银行、天津银行、威海市商业银行、温州银行、重庆三峡银行
农村商业银行	5	北京农村商业银行、重庆农村商业银行、广东南海农村商业银行、广东顺德农村商业银行、厦门农村商业银行

（二）描述性统计

在进行实证分析前，本章首先对样本数据进行描述性统计，以对样本数据有较为全面的初步认识，描述性统计结果如表 5 - 3 所示。从中可以看出，由于部分年度数据缺失，本章在进行实证检验时需要建立非平衡面板模型。

表 5 - 3　　　　　　　　　　描述性统计

变量	观测数	均值	方差	极小值	极大值
BSF	260	5.93	3.56	0.73	9.40
RI	260	5.73	3.81	0.66	9.82
WMP	260	66.67	885.94	0	100
A	260	8.85	2.82	5.24	12.31
NPL	260	1.23	1.45	0.10	13.97
DL	260	64.68	79.42	32.83	83.78

（三）模型检验与估计

1. 豪斯曼检验

面板 Logit 模型具有面板模型的特性，因此，也有固定效应和随机效应之分，模型的个体效应与解释变量存在相关性。则需建立固定效应模型，否则需建立随机效应模型。判断样本数据需要建立固定效应模型还是随机效应模型，需要对样本数据进行豪斯曼检验。豪斯曼检验的原假设为个体效应与全体解释变量均不相关，即存在随机效应。

本章运用 Stata 13.0 对模型进行豪斯曼检验，检验结果见表 5 - 4。

表 5 - 4 豪斯曼检验结果

变量	固定效应	随机效应	差值	差值的标准差
BSF	1. 9765	1. 1989	0. 7776	0. 7713
RI	2. 0009	1. 2519	0. 7490	0. 9204
WMP	0. 0122	0. 0170	- 0. 0048	0. 0194
A	- 7. 5853	- 5. 3217	- 2. 2636	3. 4305
RGDP	- 1. 0763	- 0. 8294	- 0. 2470	0. 6020
NPL	- 0. 6898	0. 3237	- 1. 0135	0. 9747
DL	- 0. 2305	- 0. 1302	- 0. 1004	0. 1273

$$\chi^2(7) = (b - B)'[(V\_b - V\_B)^{(-1)}](b - B) = 1.92$$
$$P > \chi^2 = 0.9642$$

根据表 5 - 4 的豪斯曼检验结果，应接受原假设，即选择建立随机效应模型。

2. 模型估计

利用 Stata 13.0 中 Xtlogit 命令对随机效应的面板 Logit 模型进行估计，结果见表 5 - 5。

表 5 - 5 面板 **Logit** 模型估计结果

变量	系数	标准误	Z 值	P >	Z	
BSF**	1. 1989	0. 5583	2. 1500	0. 0320
RI**	1. 2519	0. 5102	2. 4500	0. 0140
WMP	0. 0170	0. 0171	0. 9900	0. 3200
A***	- 5. 3217	1. 0739	- 4. 9600	0. 0000
RGDP**	- 0. 8294	0. 3963	- 2. 0900	0. 0360
NPL	0. 3237	0. 7208	0. 4500	0. 6530
DL*	- 0. 1302	0. 0695	- 1. 8700	0. 0610
C***	48. 7419	6. 8958	7. 0700	0. 0000

log likelihood = - 63. 1855　Wald $\chi^2(7) = 57.62$　$P > \chi^2 = 0.0000$

likelihood - ratio test of rho = 0：$\chi^2(01) = 164.10$　$P > = \chi^2 = 0.0000$

注：*** 、** 和 * 分别表示在 1% 、5% 和 10% 的显著性水平下显著。

在表5-5中，非保本理财占比和不良贷款率的结果并不显著，说明理财产品运作不断规范化，监管不断完善，理财产品将很难引发商业银行发生风险。剔除结果不显著的解释变量，再对模型进行回归分析，得到结果如表5-6所示。

表5-6　　　　　　　剔除不显著变量后面板 Logit 模型估计结果

变量	系数	标准误	Z 值	P > ｜Z｜
BSF**	1.2970	0.5154	2.5200	0.0120
RI**	0.9532	0.4713	2.0200	0.0430
A***	-3.8313	1.0925	-3.5100	0.0000
RGDP*	-0.7539	0.3903	-1.9300	0.0530
DL***	-0.1678	0.0791	-2.1200	0.0340
C***	42.8705	8.4321	5.0800	0.0000

$$\text{log likelihood} = -62.4808 \quad \text{Wald } \chi^2(7) = 22.95 \quad P > \chi^2 = 0.0003$$

$$\text{likelihood} - \text{ratio test of rho} = 0: \chi^2(01) = 179.68 \quad P > = \chi^2 = 0.0000$$

注：***、** 和 * 分别表示在1%、5%和10%的显著性水平下显著。

在面板 Logit 模型的回归结果中，系数只能反映解释变量对被解释变量的影响方向，无法衡量具体的影响程度。因此，本章将进一步对面板 Logit 模型的边际效应进行估计，对面板 Logit 模型的边际效应进行估计不会影响到变量的显著性；相反，有助于更好地反映影子银行业务对商业银行风险具体的影响程度，边际效应估计结果如表5-7所示。

表5-7　　　　　　　影子银行业务风险的边际效应

变量	边际效应	标准误	Z 值	P > ｜Z｜
BSF***	0.0665	0.0235	2.8300	0.0050
RI**	0.0489	0.0224	2.1900	0.0290
A***	-0.1965	0.0542	-3.6200	0.0000
RGDP*	-0.0387	0.0209	-1.8500	0.0640
DL*	-0.0086	0.0048	-1.7800	0.0740

注：***、** 和 * 分别表示在1%、5%和10%的显著性水平下显著。

（四）实证结果与分析

结合表 5 – 6 和表 5 – 7 模型的估计结果，并对其进行分析，可以得出以下结论：

在解释变量中，买入返售金融资产和应收款项类投资的系数均为正，且均在 5% 的显著性水平下显著，从而以买入返售金融资产业务和应收款项类投资业务为代表的影子银行业务对商业银行发生风险的概率呈正向影响。买入返售金融资产规模增加 1%，商业银行发生风险的概率将上升 6.65%；应收款项类投资规模增加 1%，商业银行发生风险的概率将上升 4.89%，即影子银行业务规模越大，商业银行发生风险的可能性也越大。

在控制变量中，资产规模系数为负，且在 1% 的显著性水平下显著，进而由边际效应分析得出：总资产规模每增加 1%，商业银行风险发生的概率将下降 19.65%，说明资产规模越大，商业银行发生风险的可能性越低，资产规模较大的商业银行具有更好的风险应对能力；GDP 增长率系数为负，并在 5% 的显著性水平下显著，边际效应估计结果显示，GDP 增长率提升 1%，商业银行风险发生的概率将下降 3.87%，从而使商业银行风险具有较为明显的顺周期性，在宏观经济环境更好的情况下，更有利于降低商业银行的经营风险；存贷比系数为负，并在 5% 的显著性水平下显著，存贷比提升 1%，将使商业银行风险发生的概率下降 0.86%，虽然影响程度较低，但存贷比的增加能够降低商业银行风险，由于存贷比在很长一段时间内均为银监会的监管指标，我国商业银行当前存贷比均处于较为理想的状态，在此基础上，相较影子银行业务增加的"类贷款"，导致存贷比增加的传统贷款增加受到更为严格的监管，从而在一定程度上会起到降低商业银行风险的作用。

三　预警模型精确度检验

由于误差及拟合优度 Logit 模型与 OLS 回归模型的衡量方法有所不同，因此，R^2 用来衡量 Logit 模型的拟合优度意义不大。在 Logit 模型中，常用类似 R^2 的伪 R^2 对拟合优度进行衡量，常见的伪 R^2 包括 McFadden R^2 和计数 R^2。本章利用计数 R^2 对面板 Logit 模型的拟合优度进行评价，即通过模型拟合值与实际值的对比来对模型的有效性进行检验。由于面板 Logit 模型中回归因子取值为 1 或 0，可以将预测概率大于 0.5 的样本归类为 1；反之则归类为 0，再根据式（5–11）确定计数 R^2 的值，以对模型拟合优度进行衡量。

$$计数\ R^2 = \frac{正确预测的次数}{总观测次数} \qquad (5-11)$$

根据表 5–6 的回归结果，可以将模型改写成如下形式：

$$\hat{P}_{it} = \frac{e^{42.8705 + 1.2970BSF + 0.9532RI - 3.8313A - 0.7539RGDP - 0.1678DL}}{1 + e^{42.8705 + 1.2970BSF + 0.9532RI - 3.8313A - 0.7539RGDP - 0.1678DL}} \qquad (5-12)$$

将原始数据代入式（5–12），可以得到预测概率值，在回归得到的概率值大于或等于 0.5 的情况下，可以认为，此时商业银行处于较高风险的状态；否则，认为商业银行处于较低风险的状态。计数 R^2 的计算结果如表 5–8 所示。

表 5–8　　　　　　　　　回归模型预测准确率的检验

原始值	预测值		合计	准确率（%）
	0	1		
0	103	15	118	87.29
1	15	127	142	89.44
合计	118	142	260	88.46

从表 5–8 中可以看出，无论是在风险较低（$Y_{it} = 0$）还是在风险较高（$Y_{it} = 1$）的银行样本中，本章建立的面板 Logit 模型均能实现较高的预测准确率，准确率分别为 87.29% 和 89.44%。综合来看，模型预测准确率能够达到 88.46%，从而能够实现较为理想的预测功能。

第四节　小结

本章从商业银行微观层面对商业银行的影子银行业务进行研究，

采用买入返售金融资产和应收款项类投资作为商业银行影子银行业务的代理变量，通过建立面板 Logit 模型对商业银行影子银行业务风险进行实证研究。实证结果显示：

第一，作为商业银行影子银行业务在资产负债表上的体现，买入返售金融资产和应收款项类投资规模每增加 1%，将分别使商业银行风险发生的概率提高 6.65% 和 4.89%，对于影子银行业务风险的事前预警不仅要关注各自业务规模水平的增加，还要关注不同影子银行业务之间规模的腾挪。

第二，商业银行资产规模与风险发生概率负相关，总资产规模增加 1%，商业银行风险发生概率将下降 19.65%，即资产规模较大的银行，具有较强的风险防范能力，从而能够降低风险发生的概率。

第三，GDP 增长率与商业银行风险发生概率负相关，GDP 增长率增加 1%，将使商业银行风险发生概率下降 3.87%，即商业银行经营风险具有较强的顺周期性，在宏观经济增速下降的情况下，影子银行业务有可能成为商业银行风险发生的诱因。

第四，商业银行存贷比与风险发生概率负相关，存贷比增加 1%，商业银行风险发生概率将下降 0.86%，即相比于商业银行的影子银行"类贷款"业务，传统贷款由于受到更为严格的监管，在受到存贷比限制的影响下，商业银行传统贷款规模的增加一般是由于获得了较为优良的信贷客户资源，因此，存贷比规模的增加能够在一定程度上降低商业银行发生风险的概率。

根据样本数据，利用计数 R^2 法对本书建立的风险预警实证模型检验，结果显示，预警模型具有较好的拟合优度。从而根据实证结果，本书建立的风险预警实证模型能够为商业银行提供一个将影子银行业务、银行间规模差异以及宏观经济环境等多重因素考虑在内的风险预警模型。利用该预警模型，商业银行在开展影子银行业务前，可以根据现有影子银行业务规模、经营状况以及宏观经济环境，衡量扩展影子银行业务所带来的风险以及自身风险承受能力，对于商业银行业务选择具有一定的借鉴作用，对于商业银行风险预警事前防范具有重要的指导作用。

第六章 影子银行的监管对策与风险防控研究

第一节 中国影子银行监管现状

一 监管模式

近年来，中国影子银行的迅速发展对中国宏观经济发展带来一定的促进作用，但同时也积聚了一定的风险，这些显露出来的风险逐渐引起了监管部门的关注和重视。我国现有对影子银行的监管仍然是按照分业监管的模式，采取机构监管，由人民银行、银监会、证监会、地方金融办等不同部门分别对相关影子银行业务或机构实施监管。表6-1对中国影子银行业务或机构相对应的监管部门进行了汇总，从中可以看出，银监会对银行理财产品、信托公司以及财务公司、汽车金融公司、金融租赁公司、消费金融公司等非银行金融机构进行监管，典当行受商务部监管，另有相当一部分的影子银行业务或机构受多个监管部门管理或仍处于监管机构不明确的状态。

表6-1   中国影子银行业务或机构对应监管主体

影子银行业务或机构	人民银行	银监会	证监会	地方金融办	商务部	发改委	工信部	财政部	工商总局
银行理财产品		√							
信托公司		√							
财务公司、汽车金融公司、金融租赁公司、消费金融公司等非银行金融机构		√							

续表

影子银行业务或机构	人民银行	银监会	证监会	地方金融办	商务部	发改委	工信部	财政部	工商总局
小额贷款公司	√			√					
典当行					√				
金融担保公司	√			√		√	√	√	√
第三方理财公司									√
传统民间金融				√					
网络借贷平台			√						

　　严格来讲，中国影子银行按照其信用中介的性质应当纳入信贷类金融机构监管的范畴，但金融担保公司、小额贷款公司等中介机构的监管部门是地方金融办、工商总局等，其监管的内容以市场准入为主，缺乏日常运营规范化管理的有效监控；私募股权基金、网络信贷平台等的监管机构不明确，更缺乏监管适用的标准。在分业监管模式中，各监管部门具有相对独立性，各部门的业务分工非常明确，只负责监管自己规定的那部分监管范围的业务。由于各监管部门的监管理念和具体实施方法存在一定的差异，各监管部门与其他职能部分之间不能很好地共享拥有的监管信息。在对影子银行的监管过程中，由于不能共享各部门之间的关系信息，在一些业务的监管方面出现重复交叉和资源浪费的现象，当出现风险时，各监管部门又会以责权模糊等原因相互推卸监管责任，使中国影子银行的监管工作变得困难，很容易出现监管空缺现象。因此，金融监管部门应该逐渐加强对影子银行的监管力度，不断完善相关的监管法律和法规。

　　随着中国影子银行的不断发展，影子银行的相关金融创新产品也在不断地变化和更新。因此，对中国影子银行的监管工作应该始终保持在一种连续却又动态变化的监管过程中，不要等中国影子银行风险累积后再去实施相应的监管和应对。

　　二　监管问题

　　分业监管仍然是我国当前的金融监管模式，随着金融创新的不断进行，金融业综合经营发展趋势越来越明显，不同行业之间的联系非常密切，传统的机构监管和分业监管模式难以满足金融业的创新和发展，从而金融监管面临较大的挑战。影子银行多数属于混业经营，从而在当前监管模式下，造成了中国影子银行监管的覆盖面不广、监管标准不统一、存在监管真空或重复监管等问题，具体表现在以下几方面：

（一）监管目标不明确

国内在影子银行监管上存在概念和标准不一，监管目标不清晰，很大一部分原因是对影子银行的界定不够明确，这就导致监管部门不知道自己的职责所在，办事效率低下，既无法提高金融市场的运行效率，也无法有效地保护好金融投资者与金融消费者的合法权益。此外，我国对影子银行目标界定得不明确，导致监管措施的薄弱，在金融机构监管上力度不足，也没有确立相关的消费者利益保护机制。

（二）监管措施不到位

对影子银行监管目标不明确，导致具体监管政策和监管制度不到位。监管法律不到位，以网络借贷为例，银监会和人民银行尚未承担自身的监管职责，从而针对网络借贷的监管法律法规尚不完善。监管制度不到位。例如，中央银行对第三方支付公司颁布了准入名单，也确立了准入机制，但如何对其监管目前还尚不明确，监管机制也不健全。目前，商业银行正在向综合经济业务前进，银行业、信托业、证券业、基金等多种业务不断交叉结合，如果只在单一监管功能下，就会导致监管真空。

（三）存在监管真空

目前，中国金融监管在"一行三会"的分业监管模式下，对于部分新型金融机构的监管处于真空状态。我国对影子银行不同行业实行分头主管和审批，即小额贷款公司由地方金融办负责审批监管、信托业由银监会监管、典当行由商务部监管等，审批部门只对影子银行业务或机构的准入资格进行审核，对于行业经营发展情况和风险状况却缺乏掌控，甚至出现部分影子银行机构的准入资格审批部门与监管部门不同的情况，这种监管模式难以避免监管真空或者重复监管的现象。由于影子银行在业务上与商业银行等金融机构联系紧密，一旦出现资金链条断裂，就容易引起系统性的金融风险，对经济造成重大不良影响。

（四）金融监管滞后于金融创新

与欧美等主要发达国家相比，中国的金融创新还处于初级阶段。但是，在综合经济快速发展的今天，已经出现银行业、证券业、保险业等多种业务交叉综合发展的情况。金融业务交叉发展的创新形式不断涌现，在促进我国金融市场多元化的同时，也增强了市场的融资能力。然而，在当前我国对于金融市场的监控能力稍显不足的情况下，如果不能管理好这些新兴的金融创新，那么就将会出现监管真空，导致资本市场、货币市场出现短期投机性和不稳定性，影响金融系统的安全性和稳定性。

影子银行已经在社会融资活动中不断壮大，缺乏监管将直接导致影子银行业机构的粗放式发展，制度基础的不完善和行业操作标准的缺失容易产生各种经营风险。影子银行与商业银行联系的日益紧密，将助长风险向商业银行和实体经济的传递，不利于金融系统稳健发展。目前，影子银行已经成为重收益、轻风险的行业，导致了资本不实、风控不明、从业人员素质参差不齐的非法金融机构乘隙而入。监管缺位状态下的影子银行会引发系统性风险和监管套利风险。美国次贷危机的教训就充分说明了这个问题。由此可见，中国监管部门应该尽快出台对于影子银行系统性的监管措施。

第二节　发达国家对影子银行的监管实践

一　金融稳定委员会的监管思路

金融稳定委员会（FSB）2011 年发布的多项关于影子银行的官方文件，重点讨论了影子银行体系的监管，形成了较为清晰的监管思路，对全球化背景下各国影子银行体系监管具有导向性作用。FSB 提出的对影子银行体系的监管框架，具体包括监管原则、监管对象以及监管措施。明确了影子银行体系的监管原则，将影子银行体系产生的风险以及影子银行体系崩溃产生的不可预料的社会成本作为影子银行体系的监管重点。要求对影子银行监管的措施应具有前瞻性、有效性，以致力于发现潜在风险，并在监管普通风险和避免监管套利之间实现平衡。同时，FSB 将影子银行监管对象主要划分为银行与影子银行间的关联活动、货币市场基金、证券化产品、证券贷出与回购以及其他影子银行实体五个大类，并有针对性地采取一系列监管措施。

第一，对于商业银行与影子银行机构之间的关联活动，主要采取以下监管方式：一是实施审慎目的的强化规则，将所有商业银行的附属影子银行实体并入资产负债表，运用《巴塞尔协议》的监管框架、杠杆率监管要求和流动性框架，统一计算风险基础资本、杠杆率和流动性比例，实施审慎监管。并且根据实体之间的区别，差异化计算风险基础资本。二是对商业银行向影子银行体系的风险暴露规模和性质进行约束，减少商业银行与影子银行相关实体的关联度，也可以降低单个影子银行实体的规模与杠杆率，同时避免影子银行实体过度依赖商业银行的现象，进而降低这些影子银行实体一旦发生严重衰退或破产时对金融体系造成的风险。三是修订银行对影子银行实体风险暴露的风险资本要求，应特别关注各类基金的投资条款和《巴塞尔协议 II》和《巴塞尔协议 III》证券化监管框架之外的影子银行实体（如货币市场基金、对冲基金等）的短期流动性融资，对其的资本要求应比证券化载体低。资本要求应适当考虑风险，这是有效风险资本监管框架的基本前提。如果相关风险的权重足够大，这些措施会增强统一规则带来的效果，也可以降低影子银行实体的关联性和潜在的杠杆与规模。此外，还要考虑影子银行实体表外风险暴露的风险权重。

第二，对货币市场基金的监管改革。要求各国家及地区的监管当局对货币市场基金在融资市场的作用、类别、特征与系统性风险进行分析，对现行监管措施的作用和风险进行评价，有针对性地吸取 2008 年国际金融危机中的教训，避免货币市场基金引发的系统性风险。

第三，对证券化产品进行监管。提出要对证券化产品的系统性产品做好充足应对准备，重点激励证券化产品发起人保有一部分与证券化有关的风险以及证券化产品的透明度与标准化。对于监管措施的修改，需要集中在提高证券化产品的透明度与标准化方面。

第四，对证券贷出、回购有关活动的监管。对担保融资市场进行审慎监管，重点对回购和证券贷出进行风险评估。增强担保融资市场功能的政策措施，以便降低影子银行活动给金融体系带来的脆弱性。限制证券贷出相关的现金担保品再投资期限、投资金融工具的种类以及银行和证券交易商用客户担保品进行融资的行为，逐步完善担保融资市场的回购清算、结算与交易报告等金融基础方面的制度建设。

第五，对于其他影子银行实体的监管。其他影子银行实体包括SIVST、金融公司、抵押保险公司等，FSB 要求对此类影子银行进行分类，并对其规模、风险以及现行监管体系进行评估，同时加强对此类影子银行实体的资本监管和流动性监管。

除对上述五大类影子银行的监管要求外，FSB 对于现有影子银行监管措施提出了一系列强化建议。

首先，要求继续保持提高适当的透明度，完善信息报告制度，持续披露更多的影子银行体系运行信息报告。各国家或地区监管当局根据 FSB 的建议，有必要提交本国或本地区影子银行实体的必要的额外报告或披露信息，从保护投资者、维持金融稳定的角度关注信息披露监管要求，并对一级市场进行监管。

其次，提高所有与影子银行体系相关的金融机构的抵押贷款或消费者贷款承销保险标准，以解决、限制金融体系及借款人的期限错配、流动性转换和高杠杆率问题。

最后，降低信用评级机构在影子银行体系中活动的作用。降低其在中央银行操作、银行审慎监管、内部控制和投资管理者的投资政策、私人部门保证金协议和证券发行者信息披露中对外部信用评级的机械依赖。

二　美国的监管实践

波扎等（2010）根据影子银行不同的运作方式将美国影子银行分为三类：一是受政府支撑的影子银行体系；二是内部影子银行体系；三是外部影子银行体系，具体如表 6-2 所示。

表 6 - 2　　　　　　　　　　　　美国影子银行构成

分类	主要业务或机构	运作方式
受政府支撑的影子银行体系	房利美、房地美等企业	在房屋抵押贷款二级市场上，作为信用中介，通过发行债券，为贷款人融资
内部影子银行体系	商业银行的表外业务、附属于商业银行或从中派生的金融控股公司	将商业银行资产负债表内的业务转至表外，通过证券"发起—分销"模式运作
外部影子银行体系	独立的非银行机构、投资银行控股公司、私营信用风险承载方	发放贷款、进行资产证券活动、提供信用担保

金融危机后，美国国会于 2010 年通过了"大萧条"以来最全面地、改革力度最大的金融监管改革法案《多德—弗兰克华尔街改革和消费者保护法案》，全面地改革和修订了包括银行、证券、保险、对冲基金、信用评级机构、经纪交易商、投资咨询机构、衍生品、会计制度、上市公司等在内的金融机构及运行规则，其中包含对影子银行体系的全面监管措施。

（一）对系统重要性影子银行机构及大型复杂机构进行监管改革

一是强化美联储对影子银行系统性风险的监测，被金融稳定监督委员会（FSOC）认定为系统重要性非银行机构和银行控股公司，需要接受美联储监管。

二是要求大型金融机构的股东、债权人和交易对手为本机构的财务危机支付成本，以起到增强市场纪律、防范道德风险的目的。

三是采取更为严格的信息披露制度，对系统重要性非银行金融机构和大型金融机构实施更为严格的风险资本标准、流动性要求、短期债务限制等要求。

四是建立清算机制，并由美国联邦存款保险公司（FDIC）负责，从而使 FDIC 具有行使破产清算的权力，在大型金融机构破产时，对其采取安全有序的破产清算程序。大型金融机构，特别是具有系统重要性的金融机构须定期阐述一旦经营失败所需的迅速、有序的破产预案，以便在经营失败时，根据计划迅速处理，降低对金融市场的影响。否则，就需增加资本金，并限制其资产增长和业务活动。

（二）完善商业银行与影子银行的关系

为了应对影子银行业务可能给商业银行带来的风险，加强对商业银行的自营交易、表外业务及其对冲基金、私募股权基金的监管，将商业银行表外业务纳入资本金要求的范围，提高银行的资本金要求。同时，规定商业银行可以保留自营交易业务，但对自营业务用途进行规定，即仅能用于利率、外汇互换以对冲风险。

（三）规范对冲基金和私募股权基金的监管

一方面，要求规模达到 1.5 亿美元以上的对冲基金（包含私募基金），须以投资顾问机构的名义在美国证券交易委员会（SEC）注册并接受监管，规模较小的对冲基金则由各州监管机构负责注册登记和监管。另一方面，规定对冲基金（含私募基金）必须遵守信息披露规定，同时必须接受监管机构的监控。

（四）重点关注对新型衍生品的监管

一方面，明确新型衍生品的监管机构及其监管权限，互换交易及其主要参与者由商品期货交易委员会（CFTC）监管，证券互换交易及其参与者由 SEC 监管，混合互换交易及其参与者由 CFTC 和 SEC 联合监管，同时要求符合规定的相关主体必须在 CFTC 和 SEC 登记注册。另一方面，要求所有标准化的衍生产品交易和清算行为必须分别在交易所和清算所进行。此外，要求从事衍生品交易的金融机构以及受联邦银行监管者监管的其他衍生品市场主要参与者必须遵循相关部门制定的有关资本、保证金和交易记录等方面的新规定。

（五）对信用评级机构的监管进行改革

在 SEC 内部设立信用评级办公室，负责制定信用评级机构的监管规则，并发布年度监管报告。对于信用评级机构，一方面要求其对内部运作、评级方法、历史表现和收入来源等信息进行披露；另一方面规定信用评级机构需要对其评级结果负法律责任，由于信用评级机构错误评级导致的投资人损失，评级机构需承担法律责任并赔偿。

三　欧盟的监管实践

欧洲中央银行认为，欧元区的影子银行体系主要由证券化活动、货币市场基金、回购市场和对冲基金四个部分组成。在金融危机之后，欧盟对金融监管方案进行改革，建立了欧洲金融监管体系，以适应全球金融创新的不断发展，防范影子银行风险。

（一）在欧盟范围内建立宏观监管机构，以明确影子银行的监管主体

设立欧洲系统风险委员会（ESRB），负责对金融风险进行识别、监管以及评估，及时向决策者发出风险预警并提供政策建议。此外，建立欧洲金融监管体系（ESFS），下设欧盟银行监管局（EBA）、欧盟证券和市场监管局（ESMA）、欧盟保险和职业养老金监管局（EIO-PA）三个监管机构，实行分业监管，分别负责对银行业、证券业和保险业微观审慎监管，为 ESRB 提供风险预警相关的必要的技术支持，控制微观层面的金融风险。

（二）严格规范影子银行与商业银行关联的业务

设定严格的标准，监管商业银行与对冲基金、私募股权基金等投资基金的关系，防范投资链条的风险来源。对商业银行出台了一系列严格的风险防范措施，提高金融机构的市场准入门槛，要求商业银行增强交易账户中资产证券化风险敞口的信息披露。同时，对商业银行再证券化的资产标准和权重要求进行了完善，提高再证券化业务的资本金，限制从事复杂的再证券化投资业务，加强对金融消费者的保护。

（三）加强对对冲基金和私募基金的监管力度

对管理资金超过 5 亿欧元，或超过 1 亿欧元且依赖借贷以提升回报率的私募基金进行全面监管。同时，为加强对对冲基金等投资基金的信息披露和透明度，要求 1 亿欧元以上规模的对冲基金、私募股权基金对风险情况、业绩表现等信息进行严格的信息披露。

（四）强化对衍生品交易和其他金融产品的管理

强化对 OTC 衍生品、中央对手方和交易存储、中央证券存放的监管。EBA、ESMA 和 EIOPA 三大欧洲金融监管机构有权对特定金融机

构和金融产品进行调查，及时评估其产生的金融风险，并及时发出预警信号，并向欧盟委员会提交处理有害金融产品或活动的立法建议。

（五）严格规范对信用评级机构的监管

在欧盟市场从事信用评级的机构必须进行统一的登记注册，领取经营执照，并接受 ESMA 监管。需要进行充分的信息披露，定期发布透明度报告，并公布在进行金融产品信用评级时采用的模型、数据和公式。

四 英国的监管实践

英国影子银行系统主要包括证券交易商、货币市场共同基金、财务公司等机构，以及结构化投资工具、资产支持商业票据、证券化信贷市场等金融工具和市场。金融危机爆发之后，英国也进行了金融监管改革。2009 年以来，英国颁布了一系列金融改革法规和方案，并加强对影子银行体系和活动的监管力度。

（一）对金融监管体系进行改革

对由英格兰银行、金融服务局（FSA）和财政部组成的金融监管的"三方体制"存在的制度缺陷进行有针对性的改革。授权由英格兰银行进行宏观审慎监管，其下设立金融政策委员会（FPC），同时设立审慎监管局（PRA）接替 FSA 的监管职能。以"准双峰"监管体制替代原有的三方监管体制，加大了英格兰银行维持金融市场稳定的权限。

（二）加强对影子银行体系的风险识别与监测

2008 年国际金融危机后，英国金融监管机构开始重视影子银行体系产生的系统性风险，规定 FPC 为影子银行的风险识别与监测部门，并且规定，根据影子银行产生的系统性风险程度，决定其具体的监管部门。当影子银行对系统性风险产生影响时，由 FPC 监管，若其不再产生系统性影响时，则由证券监管当局监管。

（三）加大对对冲基金和私募基金的监管力度

英国金融服务局从估价限制、风险管理以及信息披露等多方面对基金经理的投资行为进行监管，以拓展对冲基金监管的广度和深度。直接对影子银行实体进行监管的做法，在一定程度上降低金融风险发生的可能性。

（四）加强对衍生品市场的监管

英国监管部门对衍生产品市场的监管，主要从以下四个方面着手：一是关于产品标准化程度。监管部门致力于提高场外衍生品的标准化程度，并通过鼓励交易者采用标准化程度更高的、更简单的衍生品来减少产品的复杂性。二是关于市场化透明度。监管部门要对于场外衍生品的交易价格、交易量的有关信息及所有未经中央对手方清算的合约要报告给相应的记录机构，以提高衍生品市场的透明度。三是关于资本金比例。通过提高资本金要求，以起到防范场外衍生品市场风险。四是关于统一清算。通过共同对手方对具有统一清算可能的标准化场外衍生品交易进行统一清算。

（五）注重加强金融监管方面的国际合作

随着金融全球化的发展，一国的金融风险并不限于本国，因此，英国金融当局重视加强金融监管领域的国际合作，在监管规则制定上尽量与国际监管保持一致。同时，设立消费者保护与市场署（CP-MA），负责对金融消费者保护和金融机构商业行为的监管。

五　比较与借鉴

由于中国与发达国家的金融市场在发展层次、模式、特征等方面存在多方差异，因而，影子银行在中国具有明显的本土化特征。然而，随着金融全球化和经济一体化发展，以及中国金融改革不断深化，现代金融业表现出趋同化发展趋势，发达国家在影子银行监管实践中积累的经验，也值得我国监管部门学习与借鉴，同时也要切忌照搬照抄。总结而言，发达国家的影子银行监管实践有以下几个方面值得我国学习。

（一）金融监管体系应与金融市场的发展水平相适应

影子银行的存在暴露出金融监管的漏洞，实质上是由金融监管与金融市场发展程度不匹配所造成的。在金融市场发展过程中，也会不断产生对金融监管的新要求，从而金融监管改革要适度进行，避免金融监管与金融发展水平长期失衡现象的存在，以免引发金融危机。金融创新与金融监管存在一种动态博弈的关系，因此，随着金融市场的不断发展，需要及时调整金融监管政策。总体而言，金融监管改革总是滞后于金融市场发展，一两次的金融监管改革不可能起到一劳永逸的效果，因此，需要及时监测金融市场和实体经济可能出现的风险，适时进行政策调整。

（二）加强金融监管法制建设

影子银行迅速膨胀以及金融危机的爆发，暴露出各国金融监管体系以及法律法规建设的缺陷。欧美等发达国家及时作出反应，在金融危机发生以后，颁布相关法案，对金融监管进行改革，以便有效地保障金融市场的长期竞争力。目前，对于我国来说，金融法律法规建设尚不完善，关于影子银行的法规、条例明显不足，监管政策也存在多头管理、职责不明等问题。因此，有必要借鉴发达国家在金融监管法制建设方面的成功经验，完善影子银行相关法律条例。同时，在加强金融监管法制建设过程中，还需逐步完善执法体制和模式，对于违反金融法律的行为严格惩处，提高执法效率。

（三）加强系统性风险的监测与防范

金融创新使金融机构间的关联程度得到了大幅提升，各金融机构一旦发生风险，会在金融体系内迅速传导，单个金融机构对系统性风险影响的程度明显提高。金融危机爆发，凸显了系统性风险的预测和防范的重要性。从各国金融监管改革的措施来看，金融监管部门都加强了对系统性风险的监管，通过设立系统性风险监测管理部门，负责对系统性风险的识别和监测。就我国而言，虽然我国的金融创新程度相对而言落后于发达国家，资产证券化业务尚不发达，但随着金融创新的不断深入，影子银行之间、影子银行与正规金融之间、影子银行与企业之间的关系越来越密切，关联度的日益提高，势必会增加系统性风险发生的可能性。因此，将影子银行纳入宏观审慎监管框架，对于系统性风险的防范具有重要意义。

（四）建立影子银行的监管机制

随着各国对影子银行认识的不断深入，各国在金融改革过程中均试图将影子银行纳入金融监管体系，对于对冲基金、私募基金等典型的影子银行实体，更是在注册、准入制度以及信息披露等多个方面设置了详细、严格的监管规定，随着我国资本市场的发展以及金融创新形式不断增多，商业银行与证券、保险、信托业的联系日益紧密，我国影子银行呈现混业经营的趋势，从而建立一个满足跨市场、多行业的影子银行监管体系意义重大。

（五）合理的评价和推进金融创新

总体而言，发达国家的金融监管改革是在维护金融创新和金融自由化的基本成果的基础上，仍然将市场化作为未来金融发展的方向，金融监管改革只是致力于改善和提高金融监管的技术与艺术，尽可能地将金融监管覆盖到范围更广的金融市场、机构、产品、服务上。我国多层次的金融市场尚未构建完善，分业经营、分业监管的模式在一定程度上造成了金融市场之间的分割，金融市场机制不能充分发挥作用，金融创新水平较低。西方发达国家有着较为成熟的金融市场，实行利率市场化，金融衍生品等金融创新工具丰富，金融监管的经验也相对丰富，可以借鉴发达国家的经验，为我国的金融创新监管设计出具有前瞻性的方案。

第三节　中国影子银行监管对策

一　推进功能型监管方式

当前，我国对影子银行的监管主要是以机构监管为主，作为监管机构的"一行三会"，对金融业各机构实行"分业监管"的监管模式，这样的监管模式能够在一定程度上避免风险在各金融行业间的传递。然而，随着影子银行的迅速发展和业务创新，银行、证券、保险、信托以及期货类金融机构等之间的合作越来越广泛，其行业间的业务边界也变得模糊，一方面加大了分业监管的难度，另一方面加大了监管重叠或权责划分不明确的可能性，传统的机构监管已经难以适应影子银行体系的监管需要。

尽管影子银行的发展与业务创新加大了产品和服务的复杂程度，导致对影子银行业务界限进行划分的难度较大，但从功能角度看影子银行的产品和服务是同质的。从功能监管角度出发，容易识别发挥相同功能的影子银行的产品和业务，进而对监管对象进行划分。在功能监管模式下，"一行三会"根据影子银行产品和业务的功能明确各自监管职责，突破传统金融机构所属行业的限制，从而避免监管真空的存在，抑制影子银行监管套利的空间，在一定程度上降低了影子银行风险发生的可能性。

二　完善影子银行分类机制

首先，针对我国银行理财产品的发展，应当明确其法律地位，确定理财产品中银行与客户的法律关系，了解无论是简单的委托—代理关系还是自负盈亏的信托关系或是其他类型的关系，这样，不但有利于银行发挥其财富管理的能力，而且面对风险事件时便于解决纠纷。成立专门的机构，改善当前基础资产违约直接威胁理财产品资金兑付的状况，在两者之间建立防护系统，不断推进资产证券化。

其次，对于受银监会管理的信托业，面对可能出现的违约事件，监管当局应该充分收集信息材料，制定应对措施，并保证违约后进行公正、有效的清算。为了适应金融自由化的环境，监管部门应该尽量避免进行长期强制干预，除了必要的应急管理，更需要非强制性的引导形成健康发展的信托关系。

最后，关于地下钱庄、高利贷等民间借贷类的影子银行活动，对正规金融有补充作用的部分应该引导其登记成为接受监管的民营金融机构，使其由"地下"露出"地上"，通过法律规范其经营活动，同时保障其合法权益。

三　完善影子银行信息披露制度

信息不对称、信息披露不完善造成了影子银行信用风险转移的特征，这也是影子银行风险存在和积累的主要原因，完善影子银行产品、业务、机构的信息披露制度，有助于监管当局对影子银行风险进行事前防范。

首先，明确影子银行信息披露主体。监管机构要明确影子银行业务的主体，结合功能监管和机构监管的要求，各主管部门合理分工，敦促推行信息披露制度。对于在产品、业务领域有交叉合作的机构，根据发挥通道功能、承担最终风险等依据，厘清业务主体，并要求主管部门发挥信息披露监管职责，保障制度有效实施。

其次，对于具有显著影子银行特征的产品及业务，需要制定统一的信息披露制度，定期披露如产品介绍、交易方式、资金投向、风险状况等信息。在统一的信息披露制度的基础上，针对不同类型的影子银行产品及业务，进一步结合周期时点、运营特征等确定差异化的披露制度，在不影响信息披露制度执行的基础上，做到影子银行产品及业务的最大程度的透明。

最后，注重信息披露的时效性和质量。监管机构要充分发挥其监管职责，定期检测、分析和汇总商业银行影子银行业务数据，通过官方途径，定期公布影子银行信息。定期对公开披露信息真实性进行审核，对存在虚假数据、不实信息的机构及其负责人，监管机构要及时问责，以提高披露信息质量。同时，行业协会也要发挥自律监管作用，敦促影子银行业务及时、高质量地披露信息。

四　推进引导型合理监管

虽然影子银行的无限制发展会造成风险积聚，但是，影子银行在推动金融创新、提高资金使用效率、扶持中小企业发展等方面具有积极作用，对影子银行的监管，关键在于引导影子银行向有利于实体经济的方向发展。为此，需要在对影子银行实施功能监管的基础上，对不同类别的影子银行产品和业务进行细分，进而实施有针对性的监管政策。一方面，对于服务于实体经济、有利于金融创新的影子银行业务，给予大力支持；另一方面，对于潜藏风险的影子银行业务和产品，要予以正确引导，使其发挥正面作用。

随着金融创新日益深化，对于影子银行的创新活动，在鼓励发展的同时还要采取有效的监管措施，引导影子银行业务创新活动的良性发展，防止风险积累过度，使商业银行发生风险，进而引发系统性风险。监管当局应当以客观的态度来看待影子银行，在看到影子银行存在监管套利、积累风险等不良影响的同时，也要更多地从服务实体经济发展、提高社会投资效率等角度来引导和规范影子银行产品和业务创新。监管和引导并重，发挥影子银行对经济增长以及货币供给量调控的有利影响，使其资源配置功能得到更好的实现。

另外，对于影子银行可能引发的风险也应给予高度重视，密切监管借短贷长、潜在风险较大的影子银行业务，实行严格的法律法规，以保护投资者利益。对于影子银行可能带来的风险，监管当局要客观对待，将其纳入正规统计口径及监管范围，避免简单地将其放置于"阴影"中而引发监管困难、发展不受限制的状况。

因此，对于影子银行的发展，应当借鉴国际经验，结合国内实际，既鼓励影子银行产品和业务的创新，也要防范其风险，充分发挥影子银行有益作用，促进金融业和实体经济的健康发展。

五　推进银行业监管改革

扩大银行业对内对外开放，适当地引导民间资本向正规行业流动，降低民间资本在房地产或民间借贷上的风险积聚。一方面引导民间资本参与现有银行业金融机构的重组改制，另一方面试办由纯民间资本发起设立自担风险的银行业金融机构。令人感到欣慰的是，我国监管部门已经在这方面做出相关尝试，例如，2014 年 7 月，银监会正式批准深圳前海微众银行、温州民商银行和天津金城银行三家民营银行的筹建申请。

改进商业银行绩效考评体系，引导树立正确的商业银行绩效观，不断完善商业银行的行业、公司治理体系。推动商业银行业务产品创新，创新服务方式，降低企业融资成本，扩大金融服务的广度和深度，释放改革红利。大力促进小微企业、"三农"、新能源汽车和生产性服务业的发展，引导信贷资金向铁路、水利、能源、保障性安居工程、城市基础设施建设、节能环保等国家重点项目流动。

六　强化国际金融监管合作

与欧美发达经济体相比，我国金融体系的发展较为落后，还处在初级阶段，各项基础设施还没有得到全面的完善，为了防范金融风险的跨境传播，维护全球的金融稳定，需要加强国际金融监管合作。首先，积极参加多边金融机构组织的会议和活动，加强与国际金融组织的交流；其次，积极参与国际金融监管标准的调查、制定、反馈工作，争取更多国际金融监管标准制定的话语权；再次，本国的监管标

准的制定和措施的实行，要尽量与国际权威组织保持一致，加快本国
监管与国际接轨的进程；最后，积极参与国际紧急救援和风险预警机
制的建立，推动新型国际金融风险防范体系的形成，为及时有效地预
防和缓解外部风险造成的冲击提供有力支持。

综上所述，我们应该以辩证的态度来看待影子银行的发展，既要
看到其存在的风险，同时也应该看到其在经济发展过程中所起到的积
极的作用，真正做到趋利避害。

第四节　中国影子银行风险防控对策

一　建立信息共享平台

为避免监管真空，防止影子银行"野蛮生长"，有必要在监管之
间建立信息共享平台。

首先，建设信息共享制度。这就要求加强"三会"之间的沟通，
金融监管局定期召开"三会"高峰会议，有效发挥"监管联席会议
机制"的功能，"三会"也要定期将监管情况汇总上报金融监管局，
建立有效的信息反馈机制，降低重复监管的成本。同时，要在"三
会"之间引入竞争机制和监督机制，避免相互推诿责任。此外，中国
人民银行与金融监管局之间也要建立信息共享机制，便于中央银行通
过信息共享机制，了解银行业、证券业和保险业的发展动向和趋势，
为制定宏观经济政策和宏观调控提供微观依据。

其次，建立信息共享平台。在良好的信息共享制度基础上，健全
金融监管机构之间的信息数据库，加强金融监管机构间的联系，提升
各监管机构获取信息的能力，对已采取监管措施的事项及时入库，实
行实时动态的金融监管。既可以使被监管的金融机构不用向多方监管
机构报备，节约其运营成本，也可以使监管机构了解被监管机构整体
的经营状况、风险规避水平等，避免同一问题被反复解决，节约监管
当局的监管成本。

二 建立风险监测与预警机制

对商业银行而言，在影子银行业务风险发生前进行预警与防范的重要性要远超过事后补救，为此，有必要建立影子银行业务风险监测与预警机制，在信息披露的基础上，构建风险预警计量模型，对影子银行业务风险进行实时监控，提前发现影子银行业务风险，在风险传染之前进行有效防控。

从商业银行层面，预警模型的建立需要结合自身影子银行业务的实际运作模式，根据信息披露指标，建立计量模型，以考量影子银行业务对商业银行风险发生概率的贡献程度。商业银行在实践中要对风险预警模型进行检验和不断完善，通过设置影子银行业务风险预警上限值，以便在开展新的一笔影子银行业务前起到重要参考作用。同时，考虑影子银行业务具有对政策影响较为敏感的特征，商业银行可以根据不同影子银行业务规模之间的轮动，对预警模型进行优化，以提高风险预警模型的预测精度，做到风险发生前有效预防。

在监管机构层面，在完善影子银行业务信息披露制度的基础上，对影子银行业务风险进行实时监管，利用信息披露数据，建立影子银行业务风险预警模型，着重关注商业银行的个体风险和行业风险。根据预警模型，一旦监测到异常，要及时对发出风险预警的进行影子银行业务风险核查，与商业银行共同着手准备风险应急预案，提前化解影子银行风险或做好风险应对方案，避免风险在商业银行及非银行金融机构间的扩散传染。

三 建立有效的风险防火墙

随着影子银行业务发展，以及商业银行逐步进入业务表外化、产品多样化、盈利综合化的阶段，在商业银行与信托、证券、基金、保险以及期货类机构之间通过影子银行业务实现的业务往来越来越密切，形成合作互补关系的同时，也增加了风险的易传染性。为防止影子银行风险在金融机构之间的传染，需要在信息共享的基础上，建立起有效的风险防火墙。

首先，对于商业银行表外影子银行业务，应在表外业务与表内业务之间建立起防火墙，对表内、表外风险进行隔离。以最具代表性的表外理财业务为例，商业银行内部应严格对自有资本与理财产品资金池进行隔离，监管部门也需要对商业银行进行监督，实现风险的有效隔离。

其次，对于商业银行通道类影子银行业务，应建立起风险防火墙，将影子银行风险与商业银行进行隔离，监管机构应协同商业银行对自身资金使用途径进行严格审查和密切追踪，保证资金用途的合规性，防止风险在机构之间传染，重点防范银行危机甚至系统性风险发生的可能性。

第七章　主要案例

第一节　温州民间借贷危机

一　案例介绍

（一）温州民间借贷的产生和发展

温州是我国民间借贷最活跃的地区，同时也是监测我国民间借贷最具代表意义的样本之一。改革开放初期，由于受到传统金融制度的限制，私营经济发展与国有银行的信贷投放结构存在较大错位，总量不足40%的国有经济，获得的贷款资源占金融机构贷款总量的70%以上，总量高达60%的民营经济只能从主流金融获得不足30%的贷款，温州的民营企业很难从合法的金融机构获得贷款支持，而温州经济发展模式中一个最突出的特色就是民营经济非常发达，这无疑刺激了温州民间资本借贷的发展。由于缺乏国家投入及外资的支持，大量的温州民营企业就依靠私人借贷进行生产经营活动，依靠自身的力量完成了"自费改革"，并创造出了闻名中外的温州模式。民间借贷的发展促进了温州民营经济的发展壮大。

民间借贷作为金融体系的重要补充，伴随温州民营经济的发展而壮大，其存在的合理性也得到了认可。2010年，《浙江省高级人民法院关于为中小企业创业创新发展提供司法保障的指导意见》（浙高法发〔2010〕4号）明确表明："鼓励民间资本发起或参与设立小额贷款公司、村镇银行、融资租赁公司、资金互助社、融资性担保公司、典当行等金融服务机构，参与解决中小企业的融资难题。"浙江省高级人民法院的文件表明了对民间借贷方式的认可与鼓励。

民间借贷一直以利率高、期限短的特征发展。民间借贷各种形式的利率均高于银行。据统计，亲友或关系企业间拆借利率为12%—15%，小额贷款公司利率为18%，担保公司利率为18%—24%。但借贷资金期限较短，一般是在一个月之内的短期拆借，多是用于企业的临时资金周转。所以，借贷的利率较高但所需支付的利息绝对数额却比较少，短期内偿还不会给企业带来沉重的债务负担。正常运行的民间借贷流向发展实业的企业，可以为大量急需资金而贷款无门的中小企业填补资金缺口。在一定时期内，民间借贷方式成为一种高效率的融资方式，对温州民营经济的发展做出了很大贡献。

（二）温州民间借贷危机的爆发

2011年，中国人民银行温州中心支行发布的《温州民间借贷市场报告》显示，温州大约89%的家庭和个人及59%的企业参与了民间借贷。温州存在的借贷利率明显高于银行等正规金融机构，非正规小额贷款公司或个人的借贷利率甚至高达180%。如此高额的利率下企业营业的利润抵不上所需偿还的高额利息，借贷成本超过企业能承担的范围。

2011年，受全球经济不景气影响，温州实体经济增速放缓，加之政府对房地产市场调控力度加强，各类银行贷款持续收紧，温州的一些民营企业渐渐开始无法偿还巨额借贷甚至是每个月的利息。从2011年4月开始，一大批的企业老板纷纷出逃，温州民间借贷市场最大规模的一次危机由此爆发。根据《第一财经日报》报道，截至2012年2月末，温州涉及老板"跑路"的企业已经达到了234家，仅2月份就新增了36家。整个2011年，温州一共有40多家企业先后倒闭，而因为这次借贷危机影响导致停工的企业远远大于这个数字。民间机构的调查报告显示，温州的民间未偿还贷款总量可能高达8000亿—1万亿元，由于一些本地企业破产、老板出逃，引发了一定的恐慌情绪，加速了一些企业老板的出逃，估计2011年有10%—15%的未偿还贷款变成坏账。温州民间借贷危机愈演愈烈，从温州到鄂尔多斯再到珠三角，民间借贷危机在全国范围内蔓延开来。这次温州民间借贷危机波及范围之广、利率之高引起了社会各界和高层的密切关注。

二 危机的原因

纵观温州民间借贷的演变历程不难发现，温州的民间借贷与创业初期相比较而言，发生了太多的变化，违背初衷的"野蛮"发展，这无疑埋下了民间借贷危机的隐患，并最终导致了危机的爆发。

（一）房地产等替代传统实业导致温州经济空心化

为应对 2008 年国际金融危机，国家推出"四万亿"的救市计划，大量的资金投入到资源开发、能源开发、基础设施建设等大规模固定投资项目中去，出现了房地产业、煤炭开采等行业疯长的现象，导致经济局部过热。同时一些原材料价格上涨快，劳工工资大幅提高并出现"用工荒"现象，导致经营成本上升。欧美经济低迷，人民币对外升值，使得出口困难，企业销量降低。一系列因素使得中小企业经营困难，如果老老实实做实业，它们要面对人民币不断升值、原材料涨价、成本上升、工人加薪等诸多困难。在这样的情况下，企业利润很低且回笼资金困难。而同期参与房地产投资、农作物投资的"游资"却获得大量利润，整个经济弥漫浮躁与炒作之风。在资本逐利性的驱使下，温州民间借贷汇聚的大量资本流向了房地产等投资领域，越来越多的中小企业卷入了以钱炒钱的财富游戏，使以前主要为民营经济输血的民间借款逐渐脱离了实业，进入投资领域，玩起了以钱炒钱的金钱游戏，成倍地放大了风险。

（二）高风险、高利率的高利贷模式盛行

以钱炒钱的模式推动了高利贷模式的产生。资金相对比较富裕的个体户和中小企业主，为了给闲置资金寻求新的出路，向一些资金匮乏且又急需资金的投资企业提供高利贷，高利贷所获的款项被投入房地产业、煤炭开采业，为投资者带来丰厚的收益，投资者继而将所获得收益继续投入到新的地产、煤炭项目开发中。据统计，温州地区有超过 1/3 的民间借贷资本投放到了房地产领域。在地产行业疯长的情况下，资金周转顺利，投资收获丰厚，高额回报使得借钱投资者再支付高额利息之后仍然有很好的收益。

据调查，2010 年，温州的民间拆借年利率为 12%—96% 不等，

也就是当地习惯所称的月息 1—8 分。2011 年 7 月 7 日，中国人民银行公布的金融机构 1 年期法定基准贷款利率为 6.56%，根据相关规定，民间借贷的利率可以适当高于银行的利率，各地人民法院可根据本地区的实际情况具体掌握，但最高不得超过银行同类贷款利率的 4 倍。因此，合法的民间借贷利率上限应是 26.24%，而温州民间借贷利率远高于这个值。

（三）巨额的利润引发非理性的全民借贷热潮

人民银行温州市中心支行 2011 年 7 月 21 日发布的《温州民间借贷市场报告》显示，温州民间借贷极其活跃，89% 的家庭个人和 59.67% 的企业参与其中，规模高达 1100 亿元，占全市银行贷款的 20%。就规模而言，将近 10 年的时间，温州民间借贷规模增长了 2.4 倍以上。然而，可怕的是，在上述 1100 亿元民间借贷资金中，约有 40% 的资金规模没有进入生产投资领域，而是停留在民间借贷市场上。可见，温州民间借贷已经牵涉九成家庭，俨然成为温州全民的游戏。

从借贷形式看，主要有以下三种：第一种形式是依靠私人关系放贷；第二种形式是从银行借款，再以更高的利率借给其他人；第三种形式是由担保公司出面放贷。从借贷主体看，温州民间借贷涉及面极广且复杂多样。从资金来源看，温州民间借贷资金来源已经远远超出个人自有资金，更多的是利用银行的资金来获利，说明此时的民间借贷已经不是简单地为闲置资金寻找出路的问题，更多的是将其当作坐享其成的职业。而通过信用卡套现、银行贷款等方式进行放高利贷，一旦资金链断裂，后果将非常严重。

（四）二元金融结构滋生资本寻租

温州金融结构的一个重要特征是二元金融结构，即以现代银行业为主的现代金融市场和传统民间金融市场并存。随着温州经济的发展与金融生态格局的变化，当地一些非法担保公司的介入，打破了通过地缘、业缘、亲缘及社区化的传统介入的单一方式，更多的金融掮客的出现，加剧了民间借贷投机性的扩张，增大了民间借贷的风险。这些企业或中介机构为获取利差，设法从正规金融机构获得利率较低的贷款，转而以较高的利率在民间借贷市场上转借出去，而最终取得贷款的第三方往往是不符合银行贷款条件的企业和个人，从而给正规金融机构信贷资金造成新的风险敞口。

（五）宏观调控改变经济环境是直接原因

2011 年，宏观调控政策改变了投资环境，成为危机爆发的直接因素。为了防止房地产行业过快增，国家严厉实行限购、限贷等调控手段。楼市调控政策的大力推行使民间资本最主要投资渠道房地产行业发生根本性的改变，楼市陷入了观望期，成交量锐减，炒房者的资金链条随即断裂，并迅速波及了上游众多放贷者。同时，国家为调整物价，防止通货膨胀，采取紧缩的货币政策，银根紧缩。中小企业更难通过银行借款来缓解本身的资金困局，民间借贷贷款到期，中小企业选择违约不还贷款，不再借高成本的民间资本来周转，企业资金链断裂，借款人无法收回本息，民间借贷危机爆发。

三　危机的影响

温州民间借贷危机的爆发规模虽小，但对社会所产生的影响却是极其深远的。首先，危机暴露出温州传统的民间借贷市场存在不容忽视的严重缺陷。长期以来，温州的民间借贷都是建立在个人信用基础上的"熟人经济"，是缺乏规范和外部监管的自发性行为，存在较为频繁高发的风险性。加之大量的民间资本由于无法向实业输送，只能转向虚拟经济，在尝到"资本生钱快于实业生钱"的甜头后，巨大的资金需求疯狂地拉升了利率水平，而狂飙的利率更加剧了资金的涌入，最终导致恶性循环，严重扰乱了地方金融秩序，破坏了社会稳定。其次，温州民间借贷危机的爆发，在给社会带来深远的消极影响的同时，也为地方政府敲响了警钟，加快了规范民间借贷的步伐，推进我国利率市场化发展。正如很多专家所言，此次民间借贷危机不容小觑，如若处理不当，极易发展成为具有中国特色的"次贷危机"。

四　政府的措施

危机过后，政府出台了一系列措施。2012 年，《关于印发浙江省温州市金融综合改革试验区总体方案的通知》（银发〔2012〕188 号），根据国务院常务会议指示，决定设立温州市金融综合改革试验区。采取一系列措施，使危机不再恶化，稳定了温州经济。

（一）维护地方金融稳定

危机发生后，温州市委，市政府和各县成立专项工作领导小组及专门工作组，工作重点在企业帮扶、民企融资协调、打击黑恶势力和倒闭企业善后处置等方面。2011 年 9 月底，温州市政府向浙江省政府提交《关于要求申请金融稳定再贷款的请示》，由省政府出面，向人民银行申请金融稳定再贷款 600 亿元，期限 1 年，专门用于支持温州银行机构增加对困难企业的融资规模，防止发生系统性风险，维护地方金融稳定。

（二）大力扶持中小企业发展

一方面，加大对中小企业信贷的支持力度。银行对温州金融综合改革实验区降低门槛，设立小企业信贷专营机构，开辟中小企业的债券市场，创新发展面向中小企业和"三农"的金融产品与服务，显示了政府对放宽民间资本的态度和决心。

另一方面，在财税政策上扶持中小企业。财政部对企业税负要继续进行结构性调整，而结构性减税的重点是中小型企业。加大财税政策对中小企业的支持力度，延长相关税收优惠政策的期限，并进一步加大政策优惠力度。

（三）从政策上鼓励民间资本进入正规金融领域

一是大力发展专业资产管理机构。积极鼓励依法合规设立创业投资、股权投资企业，大力培育专业资产管理和投资管理机构；设立创业投资引导基金，组建若干产业投资基金，采取集约化、专业化管理方式，鼓励和引导民间资金通过股权、债权等投资方式有序进入基础产业和基础设施领域、市政公用事业和政策性住房建设领域、社会事业领域等实体经济领域。

二是制定优惠政策，吸引国内外资产管理机构落户温州。推动专业化民间小额资金管理机构发展，积极开展民间资本管理公司试点。扩大民间资金投资领域，探索通过资产证券化、资产支持票据、定向募集等方式多元化解决重大建设项目的资金需求，形成信托公司、证券公司、投资基金等多元金融机构参与基础建设融资的局面。同时，开展个人境外直接投资试点，鼓励对外投资主体多元化，带动民间资本在更广泛领域内参与国际竞争和合作，促进开放型经济转型升级。

（四）加快实现民间借贷合法化，规范民间借贷管理

开展民间借贷服务中心试点，引进一批中介机构入驻，提供民间借贷登记、合约公证、资产评估登记等服务，引导民间融资阳光化、规范化。建立健全民间融资监测体系，形成民间融资综合利率指数（也称"温州指数"），做好民间融资动态跟踪和风险预警。为便于规范民间金融的管理鼓励和支持民间资金参与地方金融机构改革，依法发起设立或参股村镇银行、贷款公司、农村资金互助社等新型金融组织。符合条件的小额贷款公司可改制为村镇银行。该方案引导民间金融从"地下"走向"地上"。

五　案例启示

（一）加强信息披露，提高市场信息对称度

加强企业资金供需信息披露，提高市场信息对称程度。越是过度竞争的市场，市场信息越是不对称。资金需求方找不到资金供给方，资金盈余方没有渠道使资本流通，这就降低了货币的流动性。政府可以适时建立一个公开的平台，专门用于企业资金信息的披露，保证信息的真实性，增强信息的对称性。同时，加强交易信息的披露也有利于监管。

（二）建立健全社会信用体系

建设社会信用体系尤其是中小企业信用体系，对于解决中小企业融资难的问题是非常重要的。同时，建立健全相关的法律法规，加大失信惩罚力度，这也是非常必要的。特别是要完善保护债权人权利方面的法律，制定强制企业债务人履行其偿债义务的规定，对银企信用关系中债务人的违约行为应该制定更加严厉的赔偿和惩罚规定，不但要对违约逃债的企业进行处罚，而且对恶意逃避债务的企业高级管理人员和直接责任人员，构成违法的，也要依法追究法律责任。在所有涉及银行债权人利益的债务重组中，应坚持债权人主导的原则，以利于保护债权人。

第二节　绿城地产影子银行融资案例

一　案例介绍

绿城房地产集团有限公司（以下简称绿城地产），是国内知名的房地产企业之一。2009 年，绿城地产实现合同销售额达 513 亿元，位列全国第二。至 2010 年，绿城地产已连续七年名列中国房地产公司品牌价值前 10 位，连续六年名列中国房地产百强企业综合实力 10 强。2010 年，绿城地产总品牌价值达 80.08 亿元，在混合所有制房地产企业中排名第二。

然而，数据显示，截至 2011 年 9 月，绿城地产土地楼板价的成本高居所有大型房企之首，平均每平方米楼板价超过 5000 元，加上绿城一向要求高品质，其建安成本每平方米近万元。另外，绿城地产的资产负债率高于行业平均水平，根据绿城地产 2010 年年报，净资产负债率为 132%。而到 2011 年中报，这一数字上升到 163.2%。2011 年 9 月中旬，业内突然传出海航用 30 亿元收购绿城地产的新闻，紧接着，便有报道称，监管部门就绿城地产房地产信托业务展开调查。

二　资本结构情况

（一）资本结构

资本结构是指公司各种资本的构成及其比例关系。资本结构合理与否在很大程度上决定企业偿债和再筹资能力，决定企业未来盈利能力，因而是影响企业财务的重要指标。

表 7-1　　　　　　　　2003—2010 年绿城地产资本结构　　　　　单位:%

财务指标	2003 年	2004 年	2005 年	2006 年	2007 年	2008 年	2009 年	2010 年
资产负债率（总负债/总资产）	96	93	93	73	71	76	84	88
流动负债占负债	81	86	79	58	60	70	75	79
流动股占总股本	—	—	—	100	100	100	100	100

绿城地产自 2006 年在香港 IPO 上市之后，只有在 2009 年 6 月授予员工认购股权进行了唯一一次股权资本筹资，而不断的债务融资使其资产负债率一路飙升，2010 年年报显示，其资产负债率已经高达 88%。

2006 年上市之前，绿城地产的资产负债率均在 93% 以上，可以说，绿城地产的运转基本依靠债务资金来源。2008 年及以前，绿城地产的贷款几乎全部来自银行，在 2008 年，其银行借款超过 100 亿元。2009 年，绿城地产从中国银行、中国农业银行、中国工商银行、中国建设银行四大行共获得 600 亿元的授信额度，与此同时，又分别从中国光大银行、广发银行获得 40 亿元和 20 亿元的授信贷款。2009 年年底，绿城地产的银行借款达 217 亿元，信托相关金融衍生工具融资 33.8 亿元。随着债务的增加，银行渠道已经无法满足需求，信托公司随之兴起，但仍然撼动不了银行作为主要融资来源的主导地位。

表 7 – 2　　　　　　2006—2010 年绿城地产债务资本构成　　　　单位：千元

负债项目	2006 年	2007 年	2008 年	2009 年	2010 年
银行贷款	3561376	6728402	9815966	21693961	30884431
信托相关衍生金融工具	—	—	—	338080	251480
可转换债券	392849	2069821	2163523	2188166	178110
高收益债券	3070822	2879761	2701186	261541	253854

（二）债务比例

图 7 – 1 为绿城地产 2003—2010 年资产负债率变动情况，能够反映绿城地产债务比例变动情况。2007 年，在香港地区上市使得绿城地产的资产负债率从 90% 以上下降到 70% 多一点。此后持续的银行贷款以及信托融资使其资产负债率不断攀升。按照国资委统计的企业绩效评价标准值数据，绿城地产的资产负债率在整个房地产行业偏高，处于较低值与较差值水平。

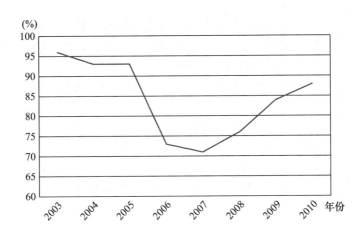

图 7 - 1　2003—2010 年绿城地产资产负债率

　　总体来说，绿城地产的资产负债率处于 70% 以上的水平，上市后其资本结构仍然以债务筹资为主，这与房地产行业特征有关，同时也说明，其财务激进行为将使其面临巨大的资金压力。

　　(三) 负债结构

　　与资本结构相对应，绿城地产的负债结构也反映出其面临的巨大的资金压力。图 7 - 2 为 2003—2010 年绿城地产负债结构变动情况，从中可以看出，2006—2010 年，持续的债务融资及信托融资使其资产负债率持续上升，同时流动负债占比持续上升使其资金周转压力增大。

　　2008 年年报显示，绿城地产 27 亿元的高收益债券将在 2009 年 4 月 21 日到期，这使得流动负债占比增加 10 个百分点，还款压力增大。2009 年，绿城地产又有 21.9 亿元的可转换债券将在一年内赎回，同时一年内到期的银行贷款由 2008 年的 39.78 亿元增加到 84.65 亿元，这使得流动负债占比居高不下。2011 年，绿城地产有 119.93 亿元银行贷款在一年内到期。绿城地产成为最受关注的高危企业，其资金紧张程度也为大型房地产企业之首。

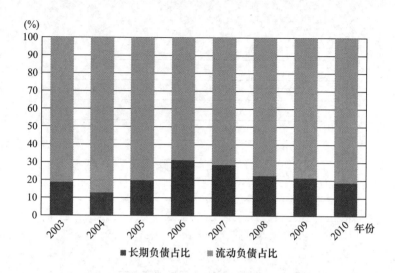

图 7 - 2　2003—2010 年绿城地产负债结构

三　资本结构形成过程梳理

从表 7 - 3 中可以看出，2009 年以来，绿城地产通过信托融资渠道获得了大量资金。

表 7 - 3　　　　　　2006 年以来绿城地产主要筹资项目

时间	筹资类型	具体项目	筹资金额
2006 年 1 月 18 日	债务资本	可转换债券	1.3 亿美元
2006 年 7 月 31 日	股权资本	在香港公司上市，IPO 融资	3.5 亿美元
2006 年 11 月 10 日	债务资本	7 年到期的高息债券	4 亿美元
2007 年 5 月 15 日	债务资本	可转换债券	23.1 亿元人民币
2007 年 10 月 24 日	债务资本	39 个月银行团贷	8.5 亿元人民币
2009 年 4 月 14 日	信托融资	与中海信托股份有限公司订立信托协议	19.38 亿元人民币
2009 年 6 月 23 日	股权资本	授予员工认购股权	5.21 亿元港元
2009 年 12 月 31 日	信托融资	与平安银行订立信托协议	13 亿元人民币
2010 年 1 月 27 日	信托融资	与中泰信托有限责任公司订立合作框架协议	0.96 亿元人民币

　　通过分析 2009—2011 年绿城地产的年度财务报告，我们发现，绿城地产的筹资方式主要依赖银行房地产信贷，大约占融资总额的 71.2%，绿城地产的融资结构和融资成本变化如图 7-3 和图 7-4 所示。由于 2009 年年初，经历过国际金融危机后，中国房市开始回暖，房价一路飙升，整个房地产市场一片欣欣向荣。在此情况下，绿城地产良好的经营业绩为其资产负债表增色不少，也为其从银行进行信贷投资增添了很多优势，但表面上的风光并不代表绿城地产的资金结构是十分安全合理的。

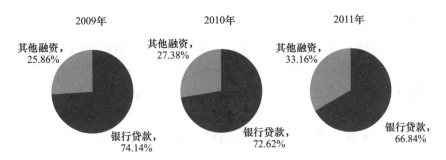

图 7-3　2009—2011 年绿城地产融资结构变化

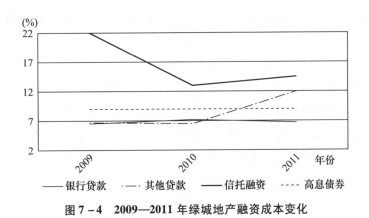

图 7-4　2009—2011 年绿城地产融资成本变化

四　案例启示

（一）企业依靠影子银行不断扩张，融资结构变化

绿城地产谋划多元化融资，开辟银行贷款以外的融资渠道。影子

银行系统开始为其快速发展提供高成本资金，企业融资结构开始发生变化。银行贷款在绿城地产全部融资中的比重持续下降。尤其在 2011 年，高速的通货膨胀给中国市场带来了很大的波动性，使政府不得不出手干预经济，出台了一系列针对银行贷款的财政和货币政策，仅在 2011 年上半年政府就 2 次上调存贷款基准利率，4 次上调金融机构存款准备金率，银根极度收缩使企业很难从银行获得有效融资。在此背景下，绿城地产对于影子银行系统的依赖程度大幅提高。2011 年，绿城地产在影子银行体系的融资规模达到 135 亿元，同期，绿城地产的所有者权益 176 亿元，企业资产负债率高达 86.2%。

（二）成本高企，逐步超出企业负担能力

随着来自影子银行的融资占比上升，绿城地产的融资成本也不断上升，影子银行系统的融资利率攀升尤为明显。绿城地产除银行贷款以外的融资成本普遍较高，其中信托融资更是一直维持在 13% 以上的较高水平。

（三）期限不匹配带来巨大短期流动性压力

不仅如此，由于一般银行房地产开发贷款的期限均在 2—3 年，少数可达 5 年。而影子银行系统的融资期限通常较短，以短期为主，通常期限最长的也不超过 2 年，这对于绿城地产的现金流造成巨大的压力。

（四）政策调控进一步扩大其风险

2011 年，主要一线城市和房价较高的二线城市开始限购，房地产企业的销售出现困难。"新国八条"的中"对贷款购买第二套住房的家庭，首付款比例不低于 60%，贷款利率不低于基准利率的 1.1 倍"；"原则上对已拥有 1 套住房的当地户籍居民家庭、能够提供当地一定年限纳税证明或社会保险缴纳证明的非当地户籍居民家庭，限购 1 套住房（含新建商品住房和二手住房）；对已拥有 2 套及以上住房的当地户籍居民家庭、拥有 1 套及以上住房的非当地户籍居民家庭、无法提供一定年限当地纳税证明或社会保险缴纳证明的非当地户籍居民家庭，要暂停在本行政区域内向其售房"等规定的影响下，使房地产业销售情况十分不景气，因而很难获得自有资金来周转。

第三节　中诚信托兑付危机案例

一　案例介绍

（一）信托计划简介

中诚信托有限责任公司（简称中诚信托）"诚至金开1号"集合信托计划成立于2011年2月1日，共募集资金30.3亿元，于2014年1月31日到期兑付。其中，30亿元优先级信托受益权为中国工商银行对社会投资者发售，3000万元一般级信托受益权由山西振富能源集团有限公司（简称山西振富集团）实际控制人王于锁、王平彦父子认购。该计划成立信托资金的运用方式是对山西振富集团增资。增资后，信托计划持有山西振富集团49%股权，王于锁、王平彦父子持有的另外51%股权也质押给中诚信托。在信托计划到期前3个月，王于锁、王平彦父子将陆续回购信托计划持有的49%股权。"诚至金开1号"集合信托计划由中国工商银行私人银行部发行，投资者共计约700人，银行收取的发行费用是4%。"诚至金开1号"信托计划基本情况总结如表7－4所示。

表7－4　　　　　"诚至金开1号"信托计划基本情况

信托计划名称	2010年中诚信托·"诚至金开1号"集合信托计划		
成立日期	2011年2月11日	资金总额	30.3亿元人民币
信托计划目的	受托人根据信托文件的约定，运用信托资金对山西振富集团进行股权投资		
信托期限	本信托计划期限为36个月，信托期间为2011年2月1日至2014年1月31日。信托运行满1年后，山西振富集团有权提前支付股权受让价款		
信托资金用途	煤矿收购价款、技改投入、洗煤厂建设、资源价款及受托人认可的其他支出		
信托资金托管方	中国工商银行	预期年化收益率	9.5%—11%

资料来源：中诚信托"诚至金开1号"产品成立报告。

2012 年 5 月 11 日，王平彦涉嫌非法吸收公众存款罪，被山西柳林县警方移送检察机关审查起诉。当地公安机关认定的情形是，王平彦私下以 4—5 分的月息吸收了 31 名债权人的 4.3 亿元资金。2013 年 12 月 30 日，由于信托专户余额不足，该计划第三次付息金额比前两次大大缩水，年化收益率仅为 2.85%，且临近兑付大限，山西振富集团股东并未履行回购义务，信托专户时点余额无法实现全额兑付。至此，关于该信托计划无法全额兑付的悲观情绪在市场蔓延，"诚至金开 1 号"集合信托计划涉及兑付风险，甚至有关人士认为，该事件可能成为金融市场系统性风险爆发的导火索。

对于该事件的解决方案，中诚信托将该信托计划自动延期三年，投资者可在 2014 年 1 月 29 日前签署一份收益权转让授权委托书，按照信托资金本金的价格向意向投资者转让持有的优先受益权，不签署则被视为继续持有信托计划的优先受益权；但是，只兑付投资者本金和第三年 2.8% 的利息，剩余 7.2% 的利息不兑付。最终该事件还是采取刚性兑付，但因仍然偿还本金以及部分利息，因此，在一定程度上也打破了信托产品的刚性兑付。

（二）信托计划参与主体介绍

1. 中诚信托

该信托产品的发行方——中诚信托，初创于 1995 年 11 月，原名称为"中煤信托投资有限责任公司"，注册资本为人民币 4 亿元（合 1500 万美元)，属中国银监会直接监管的信托公司；2004 年 2 月完成增资扩股后，注册资本增加到 12 亿元，公司名称变更为"中诚信托投资有限责任公司"；2007 年 8 月，根据新颁布实施的《信托公司管理办法》，公司完成了重新登记，首批获准直接换发金融许可证，名称变更为"中诚信托有限责任公司"；2010 年 10 月，完成增资扩股后，注册资本金增加到 24.57 亿元。截至 2013 年年末，公司资产管理总规模为 3699.1 亿元，其中，信托资产为 3572.1 亿元，自营资产为 127 亿元，净资产为 110.44 亿元，实现净利润 18.5 亿元。

2. 山西振富集团

山西振富集团有限公司成立于 2010 年 7 月，注册资本为 5000 万元（其中王于锁出资 500 万元，王平彦出资 4500 万元），其法定代表人是王于锁。该企业的经营范围为：对能源企业投资、管理咨询；机电设备及配件、煤矿机械及配件、钢材、水泥、建材、装潢材料的销售。该集团旗下有山西紫鑫矿业集团有限公司、柳林县振富煤焦有限责任公司、柳林县振盛运输有限责任公司和山西振业房地产开发有限责任公司四家子公司，已初步形成了集采煤、洗煤、运输于一体的综合煤炭企业集团。

（三）信托计划风险防范措施

在"诚至金开 1 号"集合信托计划设计之初，将该信托计划的还款来源指定为山西振富集团拥有的 4 座煤矿以及 1 个洗煤厂的销售收入，将煤矿及洗煤厂经营过程中的现金流作为信托计划的本金与利息来源。同时，设立两道防线对该信托计划的风险进行防范。

首先，优先与劣后结构化设计。在信托计划中，社会公众、机构或高风险偏好者都可以是其投资者，针对不同风险偏好，将信托受益权的结构进行优先与劣后分级处理，劣后受益权人的本金对优先受益权人进行支持，在项目遭受损失时，则将劣后受益权人的财产向优先级受益权人进行补偿；在取得盈利时，优先受益权人则按事先约定比例适当参与分红。在该笔信托计划中，其中，30 亿元优先级信托受益权人为中国工商银行对社会投资者发售，3000 万元一般级信托受益权人由山西振富集团实际控制人王于锁、王平彦父子认购。

其次，股权质押与股权回购措施。"诚至金开 1 号"采用的担保方式是股权质押，在成立信托计划将资金用于对融资方增资后，信托计划持有山西振富集团 49% 的股权，同时融资方将其剩余 51% 的股权质押给中诚信托。同时约定，在信托计划到期前 3 个月，山西振富集团回购信托计划持有的 49% 股权，其回购对价为优先级资金基础上 17% 的溢价。

虽然在信托计划设立之初，设置了明确的还款来源以及较为严密的风险防范措施，但是，由于在经营过程中各种人为操作不当和不确定因素的存在，导致"诚至金开 1 号"最终出现兑付危机。

二 兑付危机风险分析

(一) 市场风险

对"诚至金开 1 号"事件来说，事件最大的拐点莫过于煤炭价格的波动而导致巨大的市场风险。2011 年，房地产信托被严格监管后，信托公司铤而走险，急于寻找可替代的高收益产品，将资金投向矿产行业，即矿产信托是房地产信托退而求其次的替代品。煤炭市场的火爆以及对煤矿业前景的一致好评，使信托公司纷纷寻找与煤矿企业合作的机会，"诚至金开 1 号"集合信托计划因此产生。但好景不长，2012 年 5 月，煤炭价格大幅下跌，煤矿市场进入整体低迷的状况。这对煤矿企业是巨大的打击，煤矿产品价格下，跌销售遇冷，市场滞销、库存增加、价格下降、货款回收迟缓等问题不断凸显；在煤炭价格持续下降的影响下，矿主的资金链岌岌可危。同时，信托行业在与商业银行的竞争中处于弱势地位，常常成为商业银行的风险转嫁对象，"诚至金开 1 号"的兑付风险也因此而产生。

(二) 操作风险

"诚至金开 1 号"集合信托计划的操作风险主要表现在以下两个方面：

第一，中诚信托事前职责调查缺失。尽职调查是信托公司是否成立信托计划最重要的依据，信托公司需要从交易对手情况、资金用途、还款来源和风险控制四个方面对信托项目的可行性进行尽职考察。然而，在"诚至金开 1 号"信托计划设立过程中，中诚信托却存在严重失察行为。一方面，融资方身陷巨额高利贷。根据吕梁市政府2012 年 7 月《关于振富能源集团融资风险化解情况的报告》，2011 年2 月 10 日，即"诚至金开 1 号"信托计划成立后的第十天，山西振富集团的民间融资规模已达到 34 亿元左右，巨额的民间融资成为"诚至金开 1 号"信托产品出现违约风险的导火索。另一方面，对信托计划还款来源价值存在失察。"诚至金开 1 号"产品的还款来源存在巨大的风险，但是，中诚信托在尽职调查报告及推介材料中未向投资者披露，反而对其进行美化包装。中诚信托尽职调查中的风险控制流于形式，最终引发危机。

第二，事中监督管理缺失。中诚信托拥有山西振富集团49%的股权，对信托计划的重大决策拥有控制力，但在此情况下，中诚信托却未能履行对山西振富集团民间融资情况、资金运用情况、财产担保等情况进行关注与监督。2011年以后，山西振富集团经营过程中出现了一系列问题，却都没能引起中诚信托的关注与重视，这些都反映中诚信托在对信托计划的监督管理中存在巨大的问题。

（三）流动性风险

在信托计划即将到期时，由于存在以上风险使信托财产损失严重，信托专户资金一直处于流动性不足状态。2013年12月20日，"诚至金开1号"信托计划的货币财产余额仅为8634.26万元，然而，在信托最终兑付日需要偿还本金以及最后一期利息金额约为33亿元，信托账户余额完全不能满足兑付金额。同时，由于煤矿行业不景气，导致股权价值缩水变现困难，以及山西振富集团属于非上市企业，股权难以转让，该笔信托计划流动性风险凸显。

（四）信用风险

首先，在信托计划运转一年半之后，山西振富集团控制人王平彦因涉嫌非法吸收公众存款罪被当地警方刑事拘留，后移送检察机关审查起诉，导致山西振富集团被冻结资金2亿元左右，企业运转处于停滞状态。

其次，矿产权责不清，交易对手合约义务未履行。根据该信托计划的约定，山西振富集团将对旗下煤矿进行整合收购，然后将股权质押给中诚信托。但是，实际情况是，山西振富集团对其煤矿存在收购未完成、采矿权争议尚未解决等问题。由于山西振富集团这些行为严重违反了合约规定，信托计划原本通过质押来防范风险的措施失效，该笔信托计划存在严重的信用风险。

最后，股权投资方式导致清偿次序靠后。在企业清算过程中，债权债务关系的清偿优先于权益关系，"诚至金开1号"产品在暴露风险之后，为了保障投资者利益，对山西振富集团旗下煤矿进行股权转让，得到3.5亿元转让款，但在除去各项交易费用以及日常费用后，信托账户仅得到资金1亿元。

三　案例启示

中诚信托"诚至金开 1 号"刚性兑付事件在信托行业具有代表性，与此同时，近年来，我国包括信托业在内的影子银行机构或业务发展异常迅速活跃，类似"诚至金开 1 号"集合信托计划兑付危机的风险事件也越来越多，影子银行的风险逐渐暴露出来，在社会上造成了很多不良影响。因此，对于信托公司及其他影子银行机构或业务的风险管理越来越重要，一方面要对风险进行预防，另一方面也要做好风险处置预案。通过监管层采取相关措施，为影子银行风险管理提供制度、法律等方面铺垫，对于维持金融系统稳定发展至关重要。

第四节　四川省小额贷款公司监管实践

四川省作为首批试点五个省（自治区）之一，于 2005 年获得小额贷款公司试点资格，在十余年的发展过程中，四川省各地农村金融服务不足的现象得到了显著改善，在中小企业发展等方面起到了弥补信贷资金缺口的作用，其对于小额贷款公司的监管实践，具有示范作用。

一　监管的历史沿革

目前，对四川省小额贷款公司的监管体系除各级人民银行、银监会及其派出机构以外，监管主体还是四川省人民政府金融办公室。其中，四川省人民政府金融办公室是挂在四川省人民政府办公厅下的机构，下设综合处、银行保险处、资本市场处、地方准金融机构处，地方准金融机构处对口负责小额贷款公司的监管。上述机构和部门在对小额贷款公司监管方面的职责，根据《关于小额贷款公司试点的指导意见》（银监发〔2008〕23 号）（以下简称《指导意见》）制定。

《指导意见》虽然要求地方政府必须明确一个部门来主要负责小额贷款公司的日常监督管理，但并未指定哪个部门作为监管主体，这给予了地方政府充分的选择权利。从目前情况来看，各地监管主体主要为地方财政局、发改委以及金融办等单位；从全国范围来看，金融办作为牵头主管单位的模式最为广泛。四川省也明确了四川省人民政府金融办公室为小额贷款公司的监管主体，与地方人民银行、银监局配合做好日常监管事务。具体包括：小额贷款公司发起设立的资格审查、审批，督导小额贷款公司定位于服务"三农"、小微等社会融资薄弱环节，对小额贷款公司内部控制、风险控制、拨备状况、股东关联交易等业务事项开展动态监管和现场、非现场检查，督促小额贷款公司定期向监管部门报送经营情况和数据，指导行业协会做好小额贷款公司维权、培训等工作，以年度为单位开展评级。

自小额贷款公司在四川进行试点以来，四川省人民政府、省政府金融办也陆续出台了多项政策文件，如《四川省人民政府办公厅关于扩大小额贷款公司试点工作的通知》（川办发〔2008〕54 号）、《四川省人民政府办公厅关于印发四川省小额贷款公司管理暂行办法的通知》（川办函〔2008〕256 号）、《四川省人民政府金融办公室关于印发四川省小额贷款公司监管评级暂行办法》（川府金发〔2013〕79号）等。2008 年以来，四川省出台小额贷款公司政策文件汇总如表7 – 5所示。

表 7 – 5　　2008 年以来四川省出台的小额贷款公司管理相关政策文件

年份	文件名
2008	四川省人民政府办公厅关于扩大小额贷款公司试点工作的通知
	四川省人民政府办公厅关于印发四川省小额贷款公司管理暂行办法的通知
2011	四川省人民政府关于进一步鼓励和引导民间投资健康发展的实施意见
	四川省人民政府金融办公室关于小额贷款公司以股权质押方式向银行业金融机构融资有关问题的通知
2012	四川省人民政府金融办公室关于全省融资性担保公司及小额贷款公司机构发展的指导意见
	四川省人民政府金融办公室关于加强融资性担保公司、小额贷款公司财务报表规范工作的通知

续表

年份	文件名
2013	四川省人民政府金融办公室关于进一步做好融资性担保公司和小额贷款公司设立工作的通知
	四川省人民政府金融办公室关于印发四川省小额贷款公司监管评级暂行办法的通知
	四川省人民政府金融办公室关于做好小额贷款公司年度统计报表和行业发展与监管情况报告编制工作的通知
2014	四川省人民政府金融办公室关于调整小额贷款公司和融资性担保公司月度统计报表的通知

这些政策文件的出台，不仅明确了小额贷款公司的性质、业务范围，构成了省金融办行使监管权力的政策依据体系，而且四川省小额贷款公司设立审批、变更终止、规范运营、监督管理和信息披露等方面逐步完善。

二 监管的具体做法

（一）发起设立小额贷款公司的监管措施

目前，我国将小额贷款公司界定为准金融机构，属于金融创新，涉及地方金融安全，从而发起设立小额贷款公司需要依照相关法律法规以及监管部门的规定，提交申请，经核查审批后才可以从事小额贷款业务的相关经营活动。四川省金融办对小额贷款公司的发起设立沿用国内较为严格的核准制，即小额贷款公司向监管部门依法提交股东、拟任管理人员相关材料、自有资金来源证明等设立申报资料，经监管部门完成法律、政策审核批准后，才能进入筹备开业阶段。目前，四川省金融办主要监督管理的做法有：

1. 对小额贷款公司发起设立的基本条件进行严格规定

四川省金融办按照便于属地管理的原则：第一，对小额贷款公司取名进行了严格规定，要求其名称必须包括所处的行政区划、行业以及企业组织形式依次组成，其中企业组织形式可以为有限责任公司或股份有限公司。第二，严格规定小额贷款公司的股东资质。根据相关要求，小额贷款公司股东需符合法定人数，并对单个自然人的出资比例实施严格控制，同时也鼓励企业法人作为小额贷款公司的股东。企业法人在不影响自身经营的前提下，需连续两个会计年度盈利，才可以申请作为小额贷款公司的出资人。此外，还要求企业法人发起设立当年经分配年终利润后，企业净资产不低于总资产的30%，对外投资原则上不超过净资产的50%。第三，对小额贷款公司的注册资本有严格要求。小额贷款公司以自有资金发放贷款并获取利息作为收益，充足的自有资金规模是其可持续发展的必要条件。结合地区经济发展状况，四川省金融办规定，小额贷款公司注册资金原则上不得低于1亿元，对于国家级、省级贫困县适当放宽至5000万元。除上述规定以外，四川省金融办对于单一股东、关联股东的持股比例、小额贷款公司资本金托管、公司章程、高管任职资格、公司管理制度、经营场所、从业人员资格等也进行了详细规定。

2. 对小额贷款公司经营范围进行严格限定

小额贷款公司作为金融体系中的重要补充，应与其他金融机构错位经营，同时也要以服务"三农"和中小微企业发展作为经营原则。从而四川省金融办对小额贷款公司的经营范围进行了严格界定，即主要为"三农"和中小企业、小微企业、个体工商户、城乡居民提供贷款融资及金融咨询等金融服务。

同时，为了对小额贷款公司经营过程中的风险进行防范，一方面督促小额贷款公司贷款要分散发放，贷款额度原则上不能超过20万元，超过20万元的贷款，须向指定主管部门报备；另一方面，对小额贷款公司贷款投向和业务集中度设置考核指标，实时监管。

3. 对小额贷款公司发起设立程序进行严格控制

四川省对于小额贷款公司的发起设立设置了严格的控制流程，首先由县级主管部门通过实地调查，对小额贷款公司发起材料的真实性进行初审，初审合格的材料上报至市（州）金融办。其次，市（州）金融办主要负责从律师事务所咨询法律意见，以对小额贷款公司的合法性和合规性进行审查，审核合格后报送省金融办。再次，省金融办对材料进行核实整理后，提交由7人专家组组成的专家委员会，对报送材料进行审查，对材料提出意见和异议，并进行投票，票数过半即可获得由省金融办颁发的小额贷款公司牌照。

（二）小额贷款公司日常经营的监管措施

1. 现场监管

四川省金融办参照地方银监局监管金融机构的方式，采用现场监管的方式对小额贷款公司日常经营进行监督管理。自 2008 年以来，经过不断探索，四川已初步形成"年检—监管评级—专项检查"的现场监管构架。

第一，对小额贷款公司，按年度组织年检工作。为确保小额贷款公司合规经营，年检工作从公司管理、业务经营和监督管理三个方面进行。其中，公司管理主要考察小额贷款公司治理结构、人员资格、内部控制、信息披露以及财务管理等合规情况；业务经营主要考察公司业务开展、客户保证金管理、自有资本金管理和风险防范等合规情况；监督管理主要考察公司监管信息及时报送、重大变更事项报批、重大事件报告和年报审计等合规情况。在年检过程中，发现存在问题的小额贷款公司，应按照监管规定要求问题公司停业整顿、限期整改，整改不到位的公司可以依规予以行业退出。年检制度确保了小额贷款公司的稳健运行，有利于小额贷款公司全行业的健康发展。

第二，组织开展小额贷款公司监管评级工作。为加强监管工作精细化、精准化，避免过度监管，省金融办以分类监管为原则，于 2013 年出台《四川省小额贷款公司监管评级暂行办法》（川府金发〔2013〕79 号），对辖内依法设立且经营满一年的小额贷款公司法人机构开展评级工作，评级工作按年度开展，每年一次。四川省政府金融办负责监管评级组织工作，各项指标以市（州）政府金融办核实数据为准。评级结果向社会各界公布，供市场参考。

评级指标分为定量评价和定性评价两类，满分 100 分。定量评价为主（85 分），定量评价以公司有关财务、经营数据为依据；定性评价为辅（15 分），定性评价以公司内部管理、合规经营情况为依据。四川省小额贷款公司评级指标体系总结如表 7 - 6 所示。

表7－6　　　　　　　　　四川省小额贷款公司评级指标体系

一级指标	二级指标	三级指标	指标计算方式	计分规则
定量指标（85分）	资本管理指标（15分）	核心资本规模（10分）	核心资本＝年末净资产余额－年末贷款损失准备缺口	5亿元（含）以上：10分；4亿元（含）至5亿元，9分；3亿元（含）至4亿元，8分；2亿元（含）至3亿元，7分；1亿元（含）至2亿元，6分；1亿元以下，4分
		资本使用效率指标（5分）	资本使用效率＝贷款月均余额/月均净资产	130%（含）以上，5分；100%（含）至130%，4分；90%（含）至100%，3分；80%（含）至90%，2分；70%（含）至80%，1分；70%以下，0分
	主营业务指标（30分）	业务增长率（5分）	业务增长率＝（年末贷款余额－年初贷款余额）/年初贷款余额	15%（含）以上，5分；10%（含）至15%，4分；5%（含）至10%，3分；3%（含）至5%，2分；3%以下，1分
		贷款投向（15分）	贷款投向占比＝年末为中小微企业、"三农"以及个体工商户提供的贷款余额/年末贷款余额	80%（含）以上，15分；70%（含）至80%，12分；60%（含）至70%，9分；50%（含）至60%，6分；40%（含）至50%，3分；40%以下，0分
		贷款利率指标（10分）	贷款利率指标＝平均贷款利率/同期人民币贷款基准利率	1.5倍（含）以下，10分；1.5倍至2倍（含），9分；2倍至3倍（含），7分；3倍至4倍（含），4分；4倍以上，0分

一级指标	二级指标	三级指标	指标计算方式	计分规则
定量指标（85分）	经营风险指标（15分）	不良贷款率(5分)	不良贷款率 = 年末不良贷款余额/年末贷款余额	3%以下，5分；3%（含）至5%：4分；5%（含）至10%，3分；10%（含）至15%，2分；15%（含）至20%，1分；20%（含）以上，0分
		贷款损失率(5分)	贷款损失率 = 当年累计贷款损失/当年累计收回贷款	1%以下，5分；1%（含）至2%，4分；2%（含）至3%，3分；3%（含）至5%，2分；5%（含）至10%，1分；10%（含）以上，0分
		贷款损失准备充足率(5分)	贷款损失准备充足率 = 当年贷款实际计提损失准备金/当年贷款应提损失准备金	100%（含）以上，5分；90%（含）至100%，4分；80%（含）至90%，3分；70%（含）至80%，2分；60%（含）至70%，1分；60%以下，0分
	业务集中度指标（25分）	前十大客户贷款总额占比指标(5分)	前十位客户贷款总额占比 = 年末前十大客户贷款总额/年末净资产	25%以下，5分；25%（含）至30%，4分；30%（含）至35%，3分；35%（含）至40%，2分；40%（含）至50%，1分；50%（含）以上，0分
		小额贷款笔数占比指标（10分）	小额贷款笔数占比 = 年度单笔20万元（含）额度以下贷款笔数/年度贷款总笔数	70%（含）以上，10分；60%（含）至70%，8分；50%（含）至60%，6分；40%（含）至50%，4分；30%（含）至40%，2分；30%以下，0分
		贷款户数（10分）		年末贷款户数500户以上，10分；300户（含）至500户，8分；100户（含）至300：6分；50户（含）至100户，4分；20户（含）至50户，1分；20户以下，0分

续表

一级指标	二级指标	三级指标	指标计算方式	计分规则
定量指标（15分）	内部管理指标（15分）		是否建立健全的公司治理和科学的内部制衡机制，股东会、董事会、监事会和高级管理团队是否责任明确且相互制衡，股东会、董事会、监事会是否按期召开	符合，2分；不符合，0分
			是否建立科学可行的业务决策和监督机制，包括贷前调查、贷中审查、贷后管理、不良业务分类、风险拨备、财务会计核算等业务管理制度	符合，2分；不符合，0分
			是否按照规范要求编制财务报表，年度会计报表是否经过全国或全省排名前50位的会计师事务所审计	符合，2分；不符合，0分
			是否制定科学的业务发展规划，明确市场定位和发展方向	符合，2分；不符合，0分
			董事、监事和高级管理人员配备是否符合监管规定，是否按"一正三副"配备高级管理人员，高级管理人员是否有3人以上具有3年以上银行（或小额贷款公司）信贷、风控管理工作经历	符合，2分；不符合，0分
			是否配备与业务发展相适应的职工队伍，职工人数至少15人以上，且80%以上有大专以上学历	符合，2分；不符合，0分

续表

一级指标	二级指标	三级指标	指标计算方式	计分规则
定量指标（15分）	内部管理指标（15分）		是否建立相关信息披露制度，按要求及时、准确报送监管信息，积极配合监管部门开展日常监管	符合，3分；不符合，0分
	合规经营指标（总评价分的扣减项）		超业务范围经营、超地域经营	扣10分
			同一借款人贷款余额超过小额贷款公司资本净额5%	扣10分
			抽逃注册资本金、账外经营、违规对外融资、非法吸收存款、非法集资	扣30分以上
			暴力收贷，或出现其他重大违法情况和社会风险	扣30分以上

根据打分结果，四川省金融办对小额贷款公司按"优良"到"差"进行了六级分类，分别为：1级为优良，综合评分90分（含）以上；2级为良好，综合评分80分（含）至90分；3级为较好，综合评分70分（含）至80分；4级为一般，综合评分60分（含）至70分；5级为较差，综合评分50分（含）至60分；6级为差，综合评分50分以下。评级结果作为监管部门对小额贷款公司分类监管和业务准入的重要参考。

第三，围绕重点风险领域开展专项检查。2013年10月，四川省金融办围绕小额贷款公司资本金托管开展了专项检查工作，重点检查资本金托管协议的落实、相关商业银行托管情况。2014年2月和5月，四川省金融办又针对小额贷款公司对外融资、账外经营等不合规行为苗头开展专项治理工作，并对涉及违规的公司下发行业风险提示函，督促其限期改正。专项检查有助于小额贷款公司切实规范经营行为，防范和化解风险。

2. 非现场监管

作为"年检—监管评级—专项检查"的现场监管构架的补充，四川省金融办建立了小额贷款公司《年度统计报表》和《行业发展与监督情况报告》编制制度，形成以月报、年报为主要线索的行业非现场监管体系。同时，针对各地小额贷款公司报送标准不统一的现象，四川省金融办正在建立集监管、财务、信贷系统于一体的动态监管信息系统，以提高监管工作质量和工作效率。为今后四川省小额贷款公司接入人民银行征信系统、有效防范经营风险奠定了基础，对推进小额贷款公司稳定健康发展起到了重要作用。

（三）小额贷款公司终止、退出的监管措施

小额贷款公司退出、终止是指出现法律或公司章程规定的事由而停止营业活动并消除主体资格的行为。小额贷款公司的终止，一般是小额贷款公司因为发生了如合并、分立、转制、清算，或因业务严重违规被吊销营业执照、责令关闭或者被解散等法律规定的退出事由，而停止经营活动，退出市场的行为。出现以下行为，小额贷款公司需要执行退出、终止程序，其中四川省金融办也制定了详细的监管措施。

第一，针对严重违规导致的小额贷款公司，监管当局有权吊销营业执照。当小额贷款公司涉嫌严重违法、违规经营，且出现严重损害公众利益、扰乱地方金融秩序的情况，如非法集资造成恶劣影响等。一经查实，监管机构有权对其予以罚款、限期整改直至吊销营业执照的相应处罚。对于因小额贷款违规经营导致的风险事件，政府不会采取救助措施，只会加重处罚。

第二，针对经营不善的小额贷款公司，予以依法解散。受市场环境、企业资金链断裂等内外部因素影响，以及小额贷款公司高管决策失误、经营不善等，公司股东认为，该公司已经无法挽回，无法再注入资金，可以依照《公司法》规定，由董事会召集持股比例在10%以上的股东开会，审议停止经营决议。一旦审议通过，小额贷款公司可以向当地法院提出申请解散公司。金融办在小额贷款公司清算和解散过程中，发挥监督指导作用，保障各股东的合法权益，同时做好稳定、防范区域金融风险的作用。

第三，针对债务无法清偿的小额贷款公司，予以依法宣告破产。根据《指导意见》的规定，小额贷款公司向商业银行申请融资不得超过自有资本的 50%，在当前经济下行压力下，小额贷款公司一旦到期无法收回贷款本金，势必影响到偿付银行贷款本息，可能出现到期债务不能清偿的情况。如果情况进一步恶化，大量到期债务无法履约，小额贷款公司可能被债权人起诉至法院，进入破产清算程序。与解散一样，出于稳定金融秩序的考虑，需要金融办监督指导破产清算过程。

三　监管的成效

《指导意见》出台后，四川省金融办通过构建较为全面的监管框架和监督机制，对小额贷款公司的业务运行和发展形成了良性推动。主要体现在以下几个方面：

（一）四川小额贷款公司持续健康快速发展

第一，业务规模和经营效益稳步提升。截至 2015 年年末，四川省小额贷款公司贷款余额为 663.22 亿元，同比增长 19.79%，贷款余额全国占比为 7.05%，仅次于江苏、浙江和重庆列全国第 4 位；全省小额贷款公司机构数量达到 352 家，从业人员达到 7187 人。

第二，资本投入趋于多元化。截至 2013 年年底，全省小额贷款公司注册资本合计 544.34 亿元，其中，国有资本为 50.77 亿元，占 9.33%；民营资本为 470.75 亿元，占 86.48%；外资资本为 22.82 亿元，占 4.19%。民营资本发起设立或控股的小额贷款公司达到机构总数的 93.15%，成为民营资本投资金融领域的重要渠道之一。

第三，经济发展贡献度增加。2013 年，全省小额贷款公司共实现增加值 90 亿元以上，上缴利税近 14 亿元，新增城乡就业近 3000 人。

（二）有效地支持小微、"三农"和县域经济发展

第一，服务小微、"三农"和县域的力度不断加大。2013 年，资本全省小额贷款公司共向 10.60 万户企业和个人发放贷款 1063.21 亿元，同比增长 56.67%。其中，城镇居民和个体工商户贷款 271.45 亿元，占 46.28%，"三农"贷款 96.57 亿元，占 16.46%。通过合理布

局、强化指导、严格准入，全省小额贷款公司县（区）机构覆盖率由年初的 66.84% 提高到 78.42%，对县域经济支持力度不断加大。

第二，服务模式不断创新、效率不断提高。从经营模式看，全省小额贷款公司创新形成的"小额、分散""信用、简单、便捷"的微贷服务，为小微企业和"三农"提供多层次融资服务。

（三）运行质量进一步提高

第一，抗御风险能力和机构实力行业领先。从资产质量看，截至 2013 年年底，全省小额贷款公司不良贷款余额为 5.49 亿元，不良贷款率仅为 0.98%，比全省银行贷款不良率低 0.52%。从机构实力看，全省小额贷款公司平均净资产 1.66 亿元，比全国平均水平高 0.66 亿元；平均贷款余额 1.71 亿元，比全国平均水平高 0.67 亿元。

第二，人员素质不断提高。金融办积极引导小额贷款公司协会开展高管人员培训和从业人员资格认证培训，仅 2013 年就举办 11 期。其中，培训从业人员超过 800 人，考试合格 808 人，合格率达 99.5%。同时，通过不同形式专业培训、现场指导、业务交流等活动，不断提升从业人员专业素质和服务能力，截至 2013 年年末，全省小额贷款公司本科以上学历 3798 人，占 45.44%。

从四川省金融办对小额贷款公司的宏观监管体系设计和监管效果来看，在防范小额贷款公司的市场运营风险方面起到了积极作用。现阶段，我国针对小额贷款公司的全面监管制度仍处于实践探索阶段，四川省金融办作为全国试点直接监管小额贷款公司的专业行政机构，已经在监管原则、行业准入与退出、风险防范以及征信体系上做了大量前期探索，给其他省份和地区下一步建立差别化小额信贷公司监管制度做了制度铺垫。

第五节　Y 市银行理财产品监管实践

Y 市作为中部省份 Z 省的地级市，区域内经营理财产品的机构只有四大行和邮储银行的二级分行及其各营业网点，总行设计发行理财产品，再由分支机构网点负责销售并负责募集，投资由总行统一完成。根据地区经济发展情况和消费者对理财的认识程度，银行理财产品的发展情况有其自身的特点，主要问题集中在销售经营、利润核算以及创新性不足上。与比相对应，监管关注重点也应当集中在销售经营、利润核算以及引导创新上，达到合理地利用监管资源，提升监管有效性，保护金融消费者权益，维护地区公平竞争的目的。

一 理财产品发展情况

（一）银行理财产品规模增速放缓

2014年，Y市四家国有银行分行总计销售银行理财产品4378只，同比增长12.46%，共募集资金47.83亿元，同比增长8.56%，国有四大行Y市分行理财产品占全市市场份额的91.37%。尚在存续期的理财产品总计394只，余额9.24亿元；为客户实现收益7.96亿元，银行累计实现收入0.68亿元；理财客户9.4万人，较2013年增加3.5万人；销售网点83个，从业人员1735人。

从收益类型看，Y市银行理财产品保证收益类共销售802只，累计募集金额7.69亿元，占16.48%，同比下降2.67%；保本浮动收益类累计募集金额16.23亿元，占34.78%，同比增加9.57%；非保本浮动收益类累计募集金额22.74亿元，占48.74%，同比下降5.9%，具体如表7-7所示。2014年，牛市的来临使部分投资者放弃银行理财市场，选择高收益的股市，大量资金涌入股市，使银行理财产品的发行量下降。

表7-7　　　　　　　　Y市银行理财产品收益类型

	产品数（只）	募集金额（亿元）	占比（%）
保证收益	802	7.69	16.48
保本浮动	1382	16.23	34.78
非保本浮动	2194	22.74	48.74
总计	4378	46.66	100

（二）国有商业银行理财产品主导

从机构分布看，居四大行之首是 A 行，其销售理财产品 1425 只，占 33%，募集金额 14.82 亿元，之后依次是 C 行、D 行，分别销售 1129 只和 926 只，募集资金 12.78 亿元和 11.95 亿元，B 行销售 898 只，募集资金 8.28 亿元排名最后。就发行数量来看，国有商业银行占比较大，业务面广，占据银行理财产品市场份额的 90% 以上，具体如图 7-5 所示。

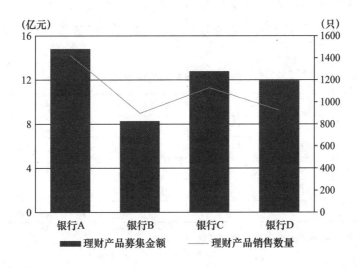

图 7-5　2014 年四家国有银行 Y 市分行理财产品募集金额及销售数量

（三）Y 市银行理财产品期限结构

表 7-8 为 Y 市银行理财产品期限结构情况，从中可以看出，投资者更多地偏好中短期理财产品，对 1 年期以内的理财产品青睐有加，人们往往不愿意将自身的储蓄存款投放理财产品太长时间，寄希望收益非保本的短期较高收益，这和国内投机热情高涨有关。随着 2014 年股市牛市的到来，大量资金涌入股市赚取高额收益率也刺激了投资与理财产品和基金的收益增加，风险规避型的投资者往往选择风险较低的银行理财产品作为自己的投资对象。

二 理财产品监管现状

（一）监管架构

我国实行分业经营的模式，而监管模式始终伴随金融机构类型的变化而变化。分业经营依靠机构监管，根据银行、保险和证券三大金融类别的划分分类，"一行三会"即人民银行、银监会、证监会、保监会这种监管架构曾发挥了重要的作用，为促进金融的繁荣和稳定贡献了力量。而混业经营则依赖功能监管，金融业务在机构间交叉经营，以往的做法显然无法适应金融业的这种悄然变革。目前，Y市银行理财产品，归属于银行的业务范围，其监管主体是Y市银监分局。

表7−8　　　　　　　　　　Y市银行理财产品期限结构

期限	产品数（只）	占比（%）
1个月以内	539	12.31
1—3个月	1852	42.30
3—12个月	1673	38.21
12个月以上	314	7.17
合计	4378	99.99

注：由于四舍五入，百分比之和不等于100%。

（二）监管依据

1. 合规监管

合规监管贯穿理财产品的全过程，作为一项持续性、长期性的监管工作，Y市银监分局督促辖内银行机构在内部设立专门负责合规管理的部门、团队或岗位，定期对合规风险管理措施和手段进行总结，对有效性进行评价，并要求上报评价报告，以此作为分类监管的重要参考。同时前移监管端口，参考合规风险管理评价报告的分析及合规记录的统计，确定需要开展的合规风险现场检查的频率、范围和深度，将理财产品监管做到源头，落到实处。

2014年下发文件《Z银监分局办公室关于进一步组织做好合规长效机制建设考核评价工作的通知》（Z银监办发〔2014〕11号），将合规长效机制建设考评作为 2014 年度的重点工作，要求加强对合规自评工作的督促指导，做好各阶段工作之间的衔接，注重工作反馈和情况沟通。通过合规评价，促使银行业金融机构进一步牢固坚守合规经营原则，自觉合规从业，实现合规管理体系、合规建设机制、合规品牌文化的创新深化。

2. 法律规章规范要求

银监会坚持依法监管，合规监管，自成立之日至今，不断发布更新有关银行理财产品监管的规范性文件共计 14 项，表 7-9 列示了近年来对于银行理财产品监管的典型规范性文件。Z 省银监局在此基础上相继出台实施细则和规范要求，以更好地适应当地理财产品的监管，将银监会政策坚决贯彻执行，落实到位。Y 市银监分局严格按照上级有关文件的要求和精神，开展本辖区银行理财产品的监管工作。

表 7-9 银监会关于银行理财产品监管文件

时间	标题	文号
2005 年 9 月 24 日	商业银行个人理财业务暂行办法	2 号
2008 年 7 月 6 日	关于进一步规范商业银行理财业务有关问题的通知	65 号
2011 年 8 月 28 日	商业银行理财产品销售管理办法》	5 号
2013 年 3 月 27 日	中国银监会关于规范商业银行理财业务投资运作有关问题的通知	8 号
2014 年 2 月 19 日	中国银监会办公厅关于 2014 年银行理财业务监管工作的指导意见	39 号
2014 年 7 月 11 日	中国银监会关于完善银行理财业务组织管理体系有关事项的通知	35 号

（三）监管内容

Y 市银监分局针对辖内四家国有银行的理财产品的监管内容包括以下几个方面：首先，理财产品销售推广方面，须按银监会规定要求进行如实宣传；其次，理财产品信息披露方面，须按银监会规定要求进行有效提示；最后，理财产品的兑付及手续费方面，须按银监会规定要求进行清晰解释。

1. 银行理财产品的销售推广

A 市银监分局督促商业银行严格按照《商业银行理财产品销售管理办法》的要求,从理财人员资质、业务培训、动态监测等维度进行销售人员的管理,以保证理财人员具有相应资质和销售技能,规范开展理财产品宣传。

一方面,明确告知消费者理财产品的风险,提醒投资者在做投资决策时,首先考虑自己的风险承担能力,将预期收益的比较放在后面,防范不当销售行为。

另一方面,如实宣传银行理财产品的收益和风险,与存款业务相区别,充分揭示理财产品的本质,防范虚假宣传。

2. 银行理财产品的信息披露

依托全国理财产品登记系统这一理财市场基础设施建设平台,Y市银监分局充分认识到理财登记系统的重要性,督促银行严格按照业务规范开展理财登记工作,包括产品具体投向、募集资金来源、收益分成等方面,定期开展登记数据质量检查,明确告知消费者产品编码,提高系统的实用性,适时采取监管措施,提升了监管力度和监管效率,实现了高效的信息管理和有效的风险控制,引领了行业的健康规范发展。

同时,对银行业理财产品集中披露的官方网站——中国理财网进行宣传,充分利用微信公众号等创新宣传平台,促使中国理财网成为理财产品推广、查询的主流网站媒介,实现标准的统一性和一致性,方便投资者做横向比较,信息披露程度和透明度的建设力度。

3. 银行理财产品的兑付及手续费

一方面,从各银行上报的财务报表中获取理财产品手续费数据,判断是否符合规定要求,各项费用是否有文件作为依据。另一方面,对各理财产品的实际投向和相应行业风险进行实时监测,防范表外信贷,密切关注理财产品可能出现的兑付风险。一旦出现异常情况,需要约见机构负责人进行监管谈话,对理财产品的异动原因进行了解,特别是滚动发售的理财产品,必要时暂停后续产品的发售,将风险尽早阻断隔离。

（四）监管措施

Y市对于银行理财产品的监管措施，从市场准入、非现场监管以及现场检查等多方面着手，确保理财产品规范发售，对理财产品经营风险进行预警，同时排查理财产品经营问题。结合具体的监管措施，通过不同的程序，保证监管措施落实到位，有针对性地开展理财产品监管工作。

1. 银行理财产品的市场准入监管

Y市银监分局认真学习《关于推进简政放权改进市场准入工作有关事项的通知》（银监办发〔2014〕176号），使审批行为进一步贴近市场，给金融机构行政申请提供便利，以此提高准入公平和效率。银行理财产品政策限制的放宽，可以促进市场进一步发展繁荣，但宽松的市场准入难免会造成风险发生，对从事此类业务的主体资格还应有严格的专业要求，诸如强化理财产品准入和日常报备制度，引导机构建立起与自身业务规模和风险特征相适应的风险预警、测评和干预机制。

严格监管理财产品准入制度，对于银行理财产品风险的提前防范有着至关重要的作用，通常包括机构申请、监管受理审查和下发行政许可意见书。对于理财人才配备不足和经验缺少的商业银行，发售理财产品，暂停在售产品的销售，审慎推进简政放权，坚持合规监管，做好风险监管的功课，最大限度地发挥行政许可的作用，把控好风险前移关。通过市场准入的措施，鼓励风险承受能力较高的机构开展更加丰富的理财产品销售，暂停甚至禁止风险控制能力不强的机构销售部分理财产品，直到制订合理的改进计划。

2. 银行理财产品的非现场监管

Y市银监分局要求机构根据监管报表要求进行数据统计、审核、报送，严格进行模板校验后，方可进行报送，充分利用分支机构非现场监管信息系统，着重对跨期校验提示以及表内表间具有归属关系的统计项目的数据审核，将监管统计数据及时分析上报，全面掌握理财产品风险状况，对异常变动及时报告各级监管部门和统计部门，把控好风险常规关。

做好银行理财产品进行的非现场监管，有助于及时分析并发现银行理财产品的经营风险，从而化解相应风险。通常包括机构上报、监管审核、情况反馈和风险提示，是一个循环封闭的过程。Y市银监分局及时督促辖区内银行完成相关工作任务，确保各种常规性和临时性工作任务圆满完成，其中，按季度报送《理财业务统计表》，按照期限类型、收益情况等清晰地展示并及时反映四大商业银行Y市分行理财产品销售和利润情况。同时，注重工作配合，根据《关于进一步加强监管统计工作管理提升监管统计数据质量管理的实施意见》（Z银监办发〔2014〕172号）的要求，对于工作配合情况，监管部门与统计部门共同提高，切实履行起工作职责，协同有效地完成各项监管工作，确保工作任务得到有效落实。

3. 银行理财产品的现场检查

对银行理财产品进行现场检查，有针对性地调查银行理财产品的潜在问题，提出监管部门的改进意见，通常包括下发通知书、机构自查、调阅资料、撰写底稿、事实确认书、下发现场检查意见书和上报整改报告。

Y市银监分局严格按照现场检查规程，通过监督管理评级机制和风险预警机制，结合非现场监管的信息，确定现场检查的频次和重点，合理分配监管资源。2014年12月，开展了针对四大商业银行的理财业务专项检查。按照Z省银监局的检查部署，组成6人检查小组，领会通知精神，学习检查方案，熟悉理财业务的规范性要求，梳理非现场的风险可疑点，查阅以往现场检查的底稿、总结报告、整改报告，制订完善的现场检查计划。从下发检查通知书，草拟问卷，举行进点会谈，出示调阅清单，到撰写底稿，事实确认书，最后汇总报告，督促限期整改，上报整改报告，历时一个月的现场检查项目，深入机构内部，查阅大量理财业务资料，实地走访网点，确保检查到位，检查有效，把控好风险集中关。

（五）监管效果

通过对Y市银行理财产品的市场准入、非现场监管、现场检查开展相应的监管工作，以及对银行理财产品的销售推广、信息披露、兑付及手续费等方面进行监管，近年来，Y市银行理财产品市场取得了一定的监管效果。具体情况如下：

首先，银行理财产品恶性案件零发生。截至2014年年末，在Y市银监分局和银行业机构共同努力下，除模糊收益、手续费提示不足、"存款"变理财的案件以外，辖区内尚未发生社会影响较大的理财产品恶性事件，如兑付危机。总体评价，四大银行理财产品业务能够安全平稳开展，相比其他地区，在全省理财业务环境建设方面排名靠前。

其次，银行理财产品投资占比提高。理财产品投资的环境不断优化，消费者更愿意购买银行理财产品，通过调查发现，在本辖区投资者的资产配置中，银行理财产品的比例大幅增加，由16%提高到34%。这与Y市的监管工作密不可分，营造了消费者可以购买理财产品的信任环境，银行理财产品极大地丰富了当地居民的投资渠道，为财富日益增加的消费者提供多样化的财富管理方式。

最后，银行理财产品消费者维权意识增强。随着消费者权益保护的力度不断增强，新型监管措施有效地维护了消费者的合法权益，新开通的消费者投诉专线由专人负责接听，24小时受理普通金融消费者的投诉。图7-6对2014年理财产品投资者投诉情况进行了汇总。

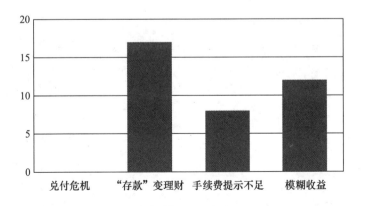

图7-6　2014年Y市银行理财产品投资者投诉案件情况

　　据有关资料，Y市监管部门2014年全年共受理消费者投诉事件35个，比2013年增加30个，消费者满意度却提高25%。其中，"存款"变理财的案件数量最多，占47.22%，说明银行平时的业务中将居民的储蓄存款变相或以诱导的方式说服居民购买了理财产品，导致居民误以为是储蓄存款，发生了后续纠纷。手续费提示不足和模糊收益分别占22.22%和27.78%。

　　在Y市监管部门对银行理财产品的监管不断完善、规范化的过程中，银行理财产品将步入"代客理财"的正轨，朝着更加透明化、差异化的方向前行，助力非信贷业务的创新，满足居民进行资产及财富管理的需要。

参考文献

1. Acharya, V. V. , Khandwala, H. and Öncü, T S. , The Growth of a Shadow Banking System in Emerging Markets: Evidence from India [J]. *Journal of International Money and Finance*, 2013, 39, pp. 207 – 230.

2. Adrian, T. and Shin, Hyun Song, The Shadow Banking System: Implications for Financial Regulation [J]. *Ssrn Electronic Journal*, 2009.

3. Bengtsson, E. , Shadow Banking and Financial Stability: European Money Market Funds in the Global Financial Crisis [J]. *Journal of International Money & Finance*, 2011, 32 (1), pp. 579 – 594.

4. Bernanke, B. S. , Monitoring the Financial System [C]. The 49th Annual Conference on Bank Structure and Competition sponsored, 2013.

5. BIS, *Annually Report* 2008 [R]. 2009, pp. 143 – 157.

6. Bodie, Z. and Merton, R. C. , Pension Benefit Guarantees in the United States: A Functional Analysis, 1993.

7. Bodie, Z. , On The Risk of Stocks in the Long Run [J]. *Financial Analysts Journal*, 2001, 51 (3), p. 18.

8. Dewatripont, M. and Tirole, J. , La réglementation prudentielle des banques [R]. ULB – Universite Libre de Bruxelles, 1993.

9. Diamond, D. W. and Dybvig, P. H. , Banking Theory, Deposit Insurance, and Bank Regulation [J]. *Journal of Business*, 1986, 59 (1), pp. 55 – 68.

10. Ferguson, R. W. , Should Financial Stability be an Explicit Central Bank Objective [J]. Challenges to Central Banking from Globalized Financial Systems, International Monetary Fund, Washington D. C. ,

2003, pp. 208 – 223.

11. Frankel, J. A. and Rose, A. K. , Currency Crashes in Emerging Markets: An Empirical Treatment [J]. *Journal of International Economics*, 1996, 41 (3), pp. 351 – 366.

12. FSB. Shadow Banking – Scoping the Issues: A Background Note of the Financial Stability Board [M] . Financial Stability Board, 2011.

13. Geither, F. , Reducing Systemic Risk in a Dynamic Financial System [R]. Economic Club of New York, 2008.

14. Gennaioli, N. , Shleifer, A. and Vishny, R. , Neglected Risks, Financial Innovation, and Financial Fragility [J]. *Journal of Financial Economics*, 2012, 104 (3), pp. 452 – 468.

15. Gennaioli, N. , Shleifer, A. and Vishny, R. W. , A Model of Shadow Banking [J]. *The Journal of Finance*, 2013, 68 (4), pp. 1331 – 1363.

16. Gorton, G. and Andrew, M. , Regulating the Shadow Banking System [J] . *Banking Papers on Economic Activity*, 2010 (2), pp. 261 – 312.

17. Gorton, G. and Metrick, A. , Regulating the Shadow Banking System [J]. *Social Science Electronic Publishing*, 2010, 41 (2), pp. 261 – 312.

18. Houston, J. F. , Lin, C. and Lin, P. et al. , Creditor Rights, Information Sharing, and Bank Risk Taking [J]. *Journal of Financial Economics*, 2010, 96 (3), pp. 485 – 512.

19. Iori, G. , Jafarey, S. and Padilla, F. G. , Systemic Risk on the Interbank Market [J]. *Journal of Economic Behavior & Organization*, 2006, 61 (4), pp. 525 – 542.

20. Kaminsky, G. , Lizondo, S. and Reinhart, C. M. , Leading Indicators of Currency Crises [J]. *Staff Papers – International Monetary Fund*, 1998, 75 (1), pp. 1 – 48.

21. Kaminsky, G. L. and Reinhart, C. M. , The Twin Crises: The Causes of Banking and Balance of Payments Crises [J]. *American Economic Review*, 1999, 89 (3), pp. 473 – 500.

22. Kane, E. J. , Accelerating Inflation, Technological Innovation, and the

Decreasing Effectiveness of Bank Regulation [J]. *The Journal of Finance*, 1981, 36 (2), pp. 355 – 67.

23. Kane, E. J. , Changing Information Technology and the Endless Re – engineering of Banking and Banking Regulation [J]. *Financial Practice & Education*, 1994.

24. Kane, E. J. , Technological and Regulatory Forces in the Developing Fusion of Financial – Services Competition [J]. *The Journal of Finance*, 1984, 39 (3), pp. 759 – 772.

25. Krugman, P. , *The Return of Depression Economics and the Crisis of 2008* [M] . W. W. Norton & Co. , 2008.

26. Laffont J. J. and Tirole, J. , A theory of incentives in procurement and regulation [M] . MIT Press, 1993.

27. Lore, M. and Borodovsky, L. , The Professional's Handbook of Financial Risk Management [J]. *Buttenworth Heinemann.* Oxford, England, 2000.

28. Luck, S. and Schempp, P. , Banks, Shadow Banking, and Fragility [C]. German Economic Association, 2015.

29. McCulley, P. , Teton Reflections [C]. PIMCO Global Central Bank Focus, 2007.

30. Mcculley, P. , The Shadow Banking System and Hyman Minsky's Economic Journey [J]. Research Foundation Publications, 2010.

31. McKinnon, R. I. , *Money and Capital in Economic Development* [M]. Brookings Institution Press, 1973.

32. Merton, R. C. , A Functional Perspective of Financial Intermediation [J]. *The Journal of the Financial Management Association*, 1995, 24 (2), pp. 23 – 41.

33. Minsky, H. P. , *Inflation Recession and Economic Policy* [M]. Wheatsheaf Books, 1982.

34. Minsky, H. P. , Financial Crises: Systemic or Idiosyncratic [J]. *Ssrn Electronic Journal*, 1991.

35. Mishkin, F. S., Global Financial Instability: Framework, Events, Issues [J]. *Journal of Economic Perspectives*, 1999, 13 (13), pp. 3 – 20.

36. Moreira, A. and Savov, A., The Macroeconomics of Shadow Banking [R]. *National Bureau of Economic Research*, 2014.

37. Nag, A. and Mitra, A., Neural Networks and Early Warning Indicators of Currency Crisis [J]. *Reserve Bank of India Occasional Papers*, 1999, 20 (2), pp. 183 – 222.

38. Nicola, G., Andrei, S. and Vishny, R. W., A Model of Shadow Banking [J]. *Journal of Finance*, 2011, 68 (4), pp. 1331 – 1363.

39. Pozsar, Z., Adrian, T. and Ashcraft, A. B. and et al., Shadow Banking [J]. *Ssrn Electronic Journal*, 2010, 105 (458), pp. 447 – 457.

40. Pozsar, Z., Adrian, T. and Ashcraft, A. B. and et al., Shadow Banking [J]. *Social Science Electronic Publishing*, 2010, 105 (458), pp. 447 – 457.

41. Roy, A. D., Safety First and the Holding of Assets [J]. *Econometrica*, 1952, 20 (3), pp. 431 – 449.

42. Shaw, E. S., *Financial Deepening in Economic Development* [M]. New York: Oxford University Press, 1973.

43. Sheng, A., The erosion of US monetary policy management under shadow banking [C]. Thailand: International Conference on Business and Information, 2011.

44. Silber, W. L., The Process of Financial Innovation [J]. *American Economic Review*, 1983, 73 (2), pp. 89 – 95.

45. Sims, C. A., Macroeconomics and Reality [J]. *Econometrica*, 1980, 48 (1), pp. 1 – 48.

46. Taylor, M., "Twin Peaks": A Regulatory Structure for the New Century [M]. London: Centre for the study of financial innovation, 1995.

47. Tobias Adrian, Hyun Song Shin. The Shadow Banking System: Implications for Financial Regulation [R]. Federal Reserve Bank of New York Staff Reports, 2009.

48. Tucker，P. ，Shadow Banking, Financing Markets and Financial Stability［Z］. Remarks to BGC Partners Seminar，2010.

49. 巴曙松：《加强对影子银行系统的监管》，《中国金融》2009 年第14 期。

50. 巴曙松：《应从金融结构演进角度客观评估影子银行》，《经济纵横》2013 年第 4 期。

51. 白钦先：《金融结构、金融功能演进与金融发展理论的研究历程》，《经济评论》2005 年第 3 期。

52. 班允浩、杨智璇：《影子银行体系的信用生成机理及宏观效应》，《武汉金融》2012 年第 3 期。

53. 陈剑、张晓龙：《影子银行对我国经济发展的影响——基于2000—2011 年季度数据的实证分析》，《财经问题研究》2012 年第 8 期。

54. 陈振荣：《从历史及国际视角看我国当前的影子银行》，《当代经济管理》2015 年第 2 期。

55. 迟国泰、冯雪、赵志宏：《商业银行经营风险预警模型及其实证研究》，《系统工程学报》2009 年第 4 期。

56. 戴国强：《商业银行经营学》，高等教育出版社 2004 年版。

57. 董珊珊：《影子银行对我国商业银行业务发展的影响探析》，《中小企业管理与科技旬刊》2014 年第 7 期。

58. 杜亚斌、顾海宁：《影子银行体系与金融危机》，《审计与经济研究》2010 年第 1 期。

59. 方先明、郑晨、李瑞文：《影子银行交叉关联效应研究》，《中央财经大学学报》2016 年第 4 期。

60. 方迎定：《"影子银行"谱系》，《财经国家周刊》2011 年第 18 期。

61. 方兆本、朱俊鹏：《中国金融稳定的度量及预测》，《金融论坛》2012 年第 10 期。

62. 封思贤、张瑶：《我国影子银行发展与利率市场化改革的关系——基于金融创新的视角》，《当代经济研究》2015 年第 5 期。

63. 葛奇：《美国商业银行流动性风险和外汇风险管理》，中国经济出版社 2001 年版。

64. 国务院办公厅：《国务院办公厅关于加强影子银行监管有关问题的通知》，2014 年 1 月 7 日。

65. 何德旭、郑联盛：《影子银行体系与金融体系稳定性》，《经济管理》2009 年第 11 期。

66. 何国华、叶敏文、李涛：《中国影子银行的演进发展与风险评价》，《投资研究》2014 年第 12 期。

67. 胡庆康：《现代货币银行学教程》，复旦大学出版社 2001 年版。

68. 姬生刚、段进：《基于 AHP——模糊综合评价的我国商业银行影子银行业务风险预警研究》，中国科技论文在线，http：//www. paper. edu. cn/releasepaper/content/201505 – 182。

69. 计岱琳：《影子银行系统风险及监管思路》，《金融发展研究》2012 年第 12 期。

70. 李波、伍戈：《影子银行的信用创造功能及其对货币政策的挑战》，《金融研究》2011 年第 12 期。

71. 李东卫：《关于影子银行系统监管的几点思考》，《中国科技投资》2011 年第 2 期。

72. 李建军：《中国影子金融体系研究报告》，知识产权出版社 2012 年版。

73. 李建军、薛莹：《中国影子银行部门系统性风险的形成、影响与应对》，《数量经济技术经济研究》2014 年第 8 期。

74. 李扬：《影子银行体系发展与金融创新》，《中国金融》2011 年第 12 期。

75. 林琳、曹勇：《基于复杂网络的中国影子银行体系风险传染机制研究》，《经济管理》2015 年第 8 期。

76. 林琳、曹勇：《中国影子银行体系与系统性风险压力指数构建》，《上海金融》2013 年第 9 期。

77. 刘可、邓颖、胡奇：《商业银行应收款项类投资安全性分析》，《科技创业月刊》2015 年第 17 期。

78. 刘文雯、高平：《"影子银行体系"的崩塌对中国信托业发展的启示》，《上海金融》2010 年第 7 期。

79. 刘秀光：《影子银行的潜在风险与监管问题——以银行理财产品为例》，《学术论坛》2014 年第 2 期。

80. 卢川：《中国影子银行运行模式研究——基于银信合作视角》，《金融发展评论》2012 年第 1 期。

81. 卢亚娟、吴言林：《二元金融结构对宏观金融政策的影响分析》，《数量经济技术经济研究》2006 年第 5 期。

82. 陆畅：《影子银行对银行经营的影响及风险分析》，《时代金融旬刊》2012 年第 1 期。

83. 毛泽盛、万亚兰：《中国影子银行与银行体系稳定性阈值效应研究》，《国际金融研究》2012 年第 11 期。

84. 苗晓宇、陈晞：《影子银行体系及其对商业银行的影响探析》，《华北金融》2012 年第 2 期。

85. 穆迪报告：《应收款项类投资加大系统性风险》，《首席财务官》2016 年第 13 期。

86. 牛源：《中国商业银行风险预警系统的构建及其实证研究》，《北方经济》2007 年第 10 期。

87. 裘翔、周强龙：《影子银行与货币政策传导》，《经济研究》2014 年第 5 期。

88. 沈悦、谢坤锋：《影子银行发展与中国的经济增长》，《金融论坛》2013 年第 3 期。

89. 宋巍：《我国影子银行风险预警模型的建立与实证研究》，《商业研究》2015 年第 12 期。

90. 宋巍：《中国影子银行风险管理研究》，博士学位论文，辽宁大学，2015 年。

91. 孙国峰、贾君怡：《中国影子银行界定及其规模测算——基于信用货币创造的视角》，《中国社会科学》2015 年第 11 期。

92. 王场：《影子银行发展成因、影响及监管研究》，博士学位论文，中共中央党校，2015 年。

93. 王海全、郭斯华：《影子银行、货币政策传导与金融风险防控》，

《金融与经济》2012 年第 12 期。

94. 王亮、吴翀:《FSB 发布〈2014 年全球影子银行监测报告〉》,《金融发展评论》2014 年第 12 期。

95. 王增武:《影子银行体系对我国货币供应量的影响——以银行理财产品市场为例》,《中国金融》2010 年第 23 期。

96. 魏涛、刘义、杨荣等:《激辩:中国"影子银行"与金融改革》,《金融发展评论》2013 年第 2 期。

97. 伍志文:《中国银行体系脆弱性状况及其成因实证分析(1978—2000)》,《金融研究》2002 年第 12 期。

98. 肖斌卿、杨旸、李心丹等:《基于 GA – ANN 的中国金融安全预警系统设计及实证分析》,《系统工程理论与实践》2015 年第 8 期。

99. 肖崎、阮健浓:《我国银行同业业务发展对货币政策和金融稳定的影响》,《国际金融研究》2014 年第 3 期。

100. 徐明东、刘晓星:《金融系统稳定性评估:基于宏观压力测试方法的国际比较》,《国际金融研究》2008 年第 2 期。

101. 徐云松、冯毅:《我国影子银行体系与金融稳定》,《现代管理科学》2013 年第 6 期。

102. 易宪容:《"影子银行体系"信贷危机的金融分析》,《江海学刊》2009 年第 3 期。

103. 于菁:《中国影子银行对宏观经济影响的作用机理研究》,硕士学位论文,东北财经大学,2013 年。

104. 余吉力、陈沛麒:《资产证券化:影响及风险》,《中国经济报告》2014 年第 4 期。

105. 袁增霆:《中外影子银行体系的本质与监管》,《中国金融》2011 年第 1 期。

106. 张宏铭:《中国影子银行效应、风险及监管研究》,博士学位论文,辽宁大学,2014 年。

107. 张洪涛、段小茜:《金融稳定有关问题研究综述》,《国际金融研究》2006 年第 5 期。

108. 张健华、王鹏:《银行风险、贷款规模与法律保护水平》,《经济研究》2012 年第 5 期。

109. 张明：《中国影子银行：界定、成因、风险与对策》，《国际经济评论》2013 年第 3 期。

110. 张亦春、彭江：《影子银行对商业银行稳健性和经济增长的影响——基于面板 VAR 模型的动态分析》，《投资研究》2014 年第 5 期。

111. 赵蔚：《"影子银行"对商业银行信贷配给的影响研究》，《经济问题》2013 年第 5 期。

112. 赵镇：《金融自由化进程中的影子银行监管研究》，《江苏商论》2015 年第 6 期。

113. 郑爱华、闫百启：《影子银行对中小银行经营的影响分析》，《中国集体经济》2014 年第 3 期。

114. 郑莉莉、刘麒、姜兴坤：《我国商业银行风险预警模型的构建与检验——基于企业风险管理（ERM）的视角》，《南京审计学院学报》2014 年第 6 期。

115. 中国人民银行调查统计司与成都分行调查统计处联合课题组：《影子银行体系的内涵及外延》，《金融发展评论》2012 年第 8 期。

116. 中国人民银行金融稳定分析小组：《中国金融稳定报告 2014》，中国金融出版社 2014 年版。

117. 中国人民银行营业管理部课题组：《新常态下影子银行体系脆弱性及其治理》，《金融与经济》2016 年第 1 期。

118. 周莉萍：《影子银行体系的信用创造：机制、效应和应对思路》，《金融评论》2011 年第 4 期。

119. 周小川：《金融政策对金融危机的响应——宏观审慎政策框架的形成背景、内在逻辑和主要内容》，《金融研究》2011 年第 1 期。

120. 祝继高、胡诗阳、陆正飞：《商业银行从事影子银行业务的影响因素与经济后果——基于影子银行体系资金融出方的实证研究》，《金融研究》2016 年第 1 期。

121. 邹梦佳：《商业银行影子银行业务风险管理研究》，博士学位论文，中国海洋大学，2013 年。